資質・能力を育てる
通信簿の文例
＆言葉かけ集

中学校

石田恒好
嶋﨑政男
［編著］

図書文化

まえがき

　学習指導要領が新しくなり指導要録も改められました。新指導要録では，観点別評価の観点の数が3つに整理されたり，学校における働き方改革の一環として記述の簡素化が図られるなど，いくつかの変更点が見られます。

　評価の基準である指導要録が改められると，その趣旨にそって通信簿を改める作業が全国各地の学校で進められます。そして，一新された通信簿を作成し，記入して生徒に渡すことになります。

　通信簿を作成，記入するときに多くの教師が口にするのは，「新指導要録の趣旨にそって生徒ごとに書き分けるのは大変です。優秀な先輩の記入例を見たいです」であり，渡すにあたっては，「すべての生徒に適切な言葉をかけてあげたいです。参考になる本が欲しいです」という声です。

　こうした声に応えるために，本書の前身を刊行したのは1992年です。「この本のおかげで通信簿の記入がうまくいっています」「すべての生徒に適切な言葉かけができます」と感謝の言葉が多く寄せられています。

　生徒も保護者も，所見など文章で書かれているところは，必ず，しかも真剣に読むものです。それだけに，その書き方によって絶大な信頼を得ることもあれば，逆に全く信頼を失う契機になることもあります。そこで，通信簿の機能を十分発揮でき，しかも生徒からも保護者からも信頼されるように記入するための手順，留意点，生徒の実態に即した記入文例などをわかりやすく示しました。また，通信簿の仕上げは，渡すときの言葉かけなので，これについても，具体例を示しました。ほかに例がないと好評なので，こちらも指導要録の改訂に沿って改めることにしました。

　なお，本書の編集にあたっては，「子どものよさを伸ばす」という基本姿勢を一貫させたつもりです。それが新しい評価観であるというより，通信簿本来のねらいであると信ずるからです。通信簿の記入や言葉かけにおいて，本書が先生方のお役に立つことを心から願っています。

2019年4月

編者

目次

資質・能力を育てる
通信簿の文例&言葉かけ集

第1部 解説編

- 通信簿記入までの手順 ……… 9
- 1年生の通信簿 ……… 10
- 2年生の通信簿 ……… 11
- 3年生の通信簿 ……… 12
- 所見文のチェックポイント ……… 13
- チェックポイントに基づくNG文例・表現例 ……… 14
- 課題を指摘する際の留意点 ……… 16
- 課題を指摘する所見文例 ……… 17
- 長所発見のヒント ……… 19
- 長所発見の視点表 ……… 20
- 長所発見のためのキーワード一覧 ……… 24
- 文書作成のための用字・用語ヒント集 ……… 26
- 漢語・漢字の使い分け例 ……… 27
- 用語例 ……… 28
- 教育関連用語として使用される概念の相違 ……… 29

第2部 文例編

- 本書（2019年版）の特徴 ……… 32

第1章 学習の所見文例

●所見記入時の留意点 ……… 33
学習全体
- ●学習成果 ……… 34
- ●学習への取り組み方 ……… 50
- ●観点別にみた学力の特徴 ……… 72
- ●学習習慣・家庭環境・その他 ……… 81

教科学習
- ●評価の観点と文例の分類について ……… 95
- ●国語 … 96　●社会 … 98　●数学 … 100　●理科 … 102
- ●外国語 … 104　●音楽 … 106　●美術 … 107
- ●保健体育 … 108　●技術 … 109　●家庭 … 110

総合的な学習の時間
- ●所見記入時の留意点 ……… 111
- ●現代的な諸課題に対応する横断的・総合的な課題 ……… 112
- ●地域や学校の特色に応じた課題 ……… 116
- ●生徒の興味・関心に基づく課題 ……… 118
- ●職業や自己の将来に関する課題 ……… 120

特別の教科　道徳
- ●所見記入時の留意点 ……… 123
- ●所見文例 ……… 125

第2章 行動・特別活動の所見文例

所見記入時の留意点 ……… 127
行動
- ●基本的な生活習慣 ……… 128
- ●健康・体力の向上 ……… 131
- ●自主・自律 ……… 134
- ●責任感 ……… 137
- ●創意工夫 ……… 142

- ●思いやり・協力 ……… 149
- ●生命尊重・自然愛護 ……… 156
- ●勤労・奉仕 ……… 158
- ●公正・公平 ……… 161
- ●公共心・公徳心 ……… 164
- ●その他 ……… 167

特別活動
- ●学級活動 ……… 171
- ●生徒会活動 ……… 174
- ●学校行事 ……… 176

第3章 特別な配慮を必要とする生徒の所見文例

- ●所見記入時の留意点 ……… 179
- ●学習面の困難がある ……… 180
- ●行動面の困難がある ……… 184
- ●対人面の困難がある ……… 186
- ●感情面の困難がある ……… 189

第4章 生徒の状況別言葉かけ集

- ●言葉かけの心得 ……… 191
- ●学習 ……… 192
- ●行動 ……… 192
- ●特別活動・進路指導 ……… 193

所見文例索引 ……… 195

第1部 解説編

●通信簿記入までの手順

①生徒ごとに，記入する内容を整理して，準備します
　　一覧表でも，ノートでも，ファイルでも構いません。しっかり準備しておけば，記入時の失敗が防げますし，次の記入時にも役立ちます。

②記入を始める前に，机の上を片付け，必要なものをそろえます
　　筆記用具，ゴム印，定規，更紙，辞書など，必要なものをそろえてから始めます。そのつど立って気を散らさないで，集中するためです。

③机の上，使用するものをよくふき，手を洗います
　　これは，通信簿を汚さないためです。受け取った通信簿が汚れていては，保護者も生徒もがっかりします。教師と通信簿への信頼が失われかねません。

④共通なものはゴム印を押します
　　学校長の氏名，担任の氏名などどの生徒の通信簿にも共通なものはゴム印を押しますが，インクの濃度やむらに気を付けます。押印後汚れを防ぐために，更紙をはさみます。

⑤記入は，心を込めて，丁寧にします
　　保護者も　生徒も真剣に受け止めます。教師としても，これに応えて心を込め，真剣に，文字は丁寧に記入しなければなりません。

⑥記入にあたっては，辞書を座右に置きます
　　誤字，誤用があっては，保護者も生徒もがっかりし，信頼を失いかねません。自信がない場合は，辞書で調べてから記入します。

⑦一覧表からの記入は，定規を当てて，ずれを防ぎます
　　データが個人でまとめてあれば問題はありませんが，一覧表の場合は，ずれてほかの生徒のものを書くことがあります。定規を使って防ぎます。

⑧記入が終わったら点検します
　　完璧にできたと思っても，うっかりミスはあります。必ず点検です。

⑨校長・教頭・教務主任に点検してもらいます
　　公的な文書のため万全を期す必要があります。誤りがあれば修正し，押印してできあがったものは，個人情報として金庫などで管理します。

● 1年生の通信簿

中学校生活の不安解消につながる，具体的な方法やエピソードを

　教科担任制・学習内容の高度化・授業展開のテンポの速さ・校則など，生徒・保護者ともに中学校生活に大きな不安を抱いていることでしょう。入学当初のきめ細やかな指導，支援が何より重要となります。学級担任・教科担任は生徒・保護者の不安を解消し，希望をもたせる指導と評価を心がけましょう。

　中学校への円滑な適応を図るため，小学校からの引き継ぎ情報を詳細に分析するとともに，一人一人の生徒を注意深く観察しながら，通信簿を有効な情報提供の手段として家庭との連携を深めつつ，充実した中学校生活を送ることができるよう配慮します。また，通信簿の所見は保護者や生徒が読んでわかりやすい平易な表現，用字・用語の使用を心がけましょう（p.26〜p.29に具体的な例語を挙げています）。

学期ごとの通信簿作成の配慮点

1学期
- 小学校からの情報を詳細に分析するとともに一人一人を多面的に観察する。4月，5月は特にきめ細かい観察，指導が必要である。その上で中学校生活，学習に取り組めている姿について具体的に記述する。
- 中学校生活，学習への不適応などはないか，細かく観察した結果をもとに，学級懇談会・家庭訪問・教育相談などの折に話題として取り上げるとともに，温かい助言と課題解決の具体的な方法を含む所見を準備する。

2学期
- 1学期からの進歩の状況・努力の様子・集団における役割・貢献度など，一人一人の生徒のよさを具体的事例を挙げて保護者へ知らせる。
- 冬休みの課題・1年間の総仕上げに向けての課題などを具体的に提示し，3学期に臨む心構えを記述する。

3学期
- 1年間の中学校生活で，望ましい生活・学習習慣や態度が形成されたかを見極め，長所の伸長・課題の克服法などについて具体的に助言する。
- 2年生への進級についての激励を中心に記述する。

● 2年生の通信簿

中だるみと同時に行事で多忙な学年，計画的な生活を送るための工夫を

　中学校生活に慣れ，後輩も入学し，ほっとすると同時にゆるみが生じがちです。また，「疾風怒濤期」の真っ只中であり，心の揺れが激しい学年でもあります。2年生の夏休みを境に非行へと走る生徒も見られます。

　一人一人の生徒の様子をきめ細かく観察し，微細な変化を見逃さないようにする必要があります。同時に，次から次へとくる行事に埋没しないよう配慮しながら，諸行事を通して切磋琢磨し，心身ともに成長していくよう支援するとともに，規律ある生活を心がけさせ，いっそうの成長を促す所見を工夫しましょう。

学期ごとの通信簿作成の配慮点

1学期
- 学級各生徒の1年生時の指導要録に丹念に目を通すとともに，必要に応じて前担任・前学年職員・前教科担任などから情報を収集し，前年度の様子や成長ぶり，今後の課題などを把握する。
- 学業不適応生徒については，つまずきのある教科・箇所を把握し，各教科担任との連携を図りつつ，授業の受け方・家庭学習の方法など，具体的な助言を行い，その解消に努めることが必要である。特に，夏休みの過ごし方，学習の仕方については，きめ細かく，具体的に助言する。

2学期
- 夏休み明けには，表情・服装・言動などに変化が生じていないか，視点を明確にして日常の観察を怠らないことが何より肝要である。
- 冬休みの課題，1年間の総仕上げに向けて，一人一人の生徒の課題などを具体的に提示するとともに，3学期を迎える心構えを示唆する。

3学期
- 1年間の生活で，自主的・自律的な生活習慣や学習習慣・態度が形成されたかを見極め，成長，向上が見られれば称賛するとともに，課題については，その克服方法について具体的に助言する。
- 最上級生へと進級するに際しての心構えと，いっそうの成長への期待を込めた温かい助言を準備する。

● 3年生の通信簿

3年間の総仕上げと，適切な進路選択のための助言を

　「学校の顔」として活躍が期待される最高学年であると同時に，進路選択という大きな決断を控える学年でもあります。当事者である生徒自身もさることながら，保護者も大きな不安を抱いていることでしょう。

　進学希望の場合，志望校と成績とのギャップがあれば，試練となり，受験に向けた取組みは生徒・保護者の大きな精神的負担となります。そうした側面にも十分に配慮しつつ，生徒・保護者に安心感を与える所見，課題解決の糸口となるような所見を工夫しなければなりません。

学期ごとの通信簿作成の配慮点

1学期
- 新学期当初，受験生としての1年間のスケジュール・進路選択の基本的な考え方・学校と家庭との緊密な連絡の必要性・提出書類などの締切り厳守などについて，生徒・保護者に周知徹底する。
- 進路情報収集の方法について助言するとともに，夏休みは学校公開・オープンスクールなどに参加し，志望校を見学・体験することも奨励する。進路選択は人生の選択である。学力向上とともに人間としての成長も必要であることを理解させる所見が求められる。

2学期
- 自己の目標に沿った学習計画が順調に消化されているか，絶えず検証させ，必要に応じて軌道修正をするよう助言する。
- 目標に向かって着実に努力することの大切さについて助言するとともに，自己の現在の努力に自信と誇りをもって，努力を継続するよう激励する。

3学期
- 中学校生活における努力を称賛するとともに，一人一人の生徒のよさを一つでも多く発見し，自分自身に誇りと勇気をもって新しい世界へ羽ばたけるよう激励する。
- 自己の成長を支えてくれた多くの人々への感謝の念を自覚できるような所見を準備するとともに，中学校生活を楽しく実りの多い思い出として回顧できるような，愛情にあふれる通信簿で送り出したい。

● 所見文のチェックポイント

①人権を損なう表現や差別・偏見につながる表現になっていませんか
　　身体障害に触れたり心身の特徴を具体的に挙げたりする表現，偏見や固定観念にとらわれた表現は許されません。生徒や保護者の気持ちに配慮した記述を心掛けましょう。

②家庭に干渉したり，責任転嫁したりしている表現になっていませんか
　　不用意に家庭の事情に触れたり，教師が指導すべきことを家庭にだけ求めたりすることは許されません。信頼を失い，家庭の理解・協力を失うことにつながります。

③生徒・保護者にわかりにくい専門的・抽象的な表現になっていませんか
　　むずかしい言葉や教師間で使う専門用語，抽象的な表現では生徒はどう努力したらよいかわからず，保護者もどう協力したらよいかわかりません。

④教育観・学力観の誤り・思い上がりによる表現になっていませんか
　　安易に教科に軽重をつけたり，自分の教育信念を押しつけたりしないよう注意します。謙虚さを忘れず相手の心に届く表現を工夫しましょう。

⑤ほかの生徒と比べた表現になっていませんか
　　通信簿は，生徒一人一人の努力と成長，励ましの記録です。ほかの生徒と比較して，無用の競争心・嫉妬心をあおることは慎みましょう。

⑥独善的，断定的で，冷淡な表現になっていませんか
　　データよりも自分の感情を優先して書いたり，生徒の能力や性格を安易に，しかも断定的に表記したりすることは避けなければなりません。

⑦生徒の欠点を指摘するばかりの表現になっていませんか
　　欠点の指摘だけでは生徒の力は伸びません。生徒のよさや努力を認め，指導の方向性を伝えることで，家庭の理解・協力を促しましょう。

⑧乱雑に書かれてはいませんか
　　誤字脱字，乱雑な字，汚れがあっては，生徒も保護者も失望します。

● チェックポイントに基づくNG文例・表現例

①人権を損なう表現や差別・偏見につながる表現

- 言葉遣いに**女性らしさ**が感じられません。
- 友達から**ノッポ**と言われるのを……
- **お母さんが外国人のため**，語彙が少なく……

その他のNG表現例
- どもる ●おしのように ●背が小さい ●やせ ●太っている
- 体重が重い ●ぐず ●のろま ●外人 ●片手落ち ●ねこ背 ●だんご鼻
- がに股 ●父兄 ●音痴 ●色黒 ●いなか者 ●幼稚 ●にぶい
- 頭でっかち ●つむじまがり　など

②家庭に干渉したり，責任転嫁したりしている表現

- **ご家庭でのテレビ視聴やゲーム遊びに問題があり**，睡眠不足で授業中ぼんやりしていることが多いです。
- **家庭での予習・復習が不足しており，学習の定着が遅れています**。
家庭学習の習慣が付くよう，家庭でも見てあげてください。

その他のNG表現例
- 基本的な生活習慣が身に付いていない ●家庭で身に付けるべきこと
- 過保護 ●過干渉 ●甘やかし ●温室育ち ●無理解 ●生育歴 ●放任
- 一人親 ●離婚 ●共働き ●しつけ不足 ●親の怠慢 ●鍵っ子　など

③生徒・保護者にわかりにくい専門的・抽象的な表現

- 社会的事象への興味・関心が高く，**事象の意味を多面的にとらえます**。
- 学習態度が良好で，**学習意欲も旺盛**で，きちんとした生活態度です。
- **目的意識が明確であること**が学習の理解につながっています。**心の余裕が出てくるとさらに確かな理解**を得られます。

その他のNG表現例
- 受容 ●学力観 ●評価の観点 ●技能の習得 ●課題解決学習 ●領域
- 動機付け ●態度化 ●情報モラル ●言語活動 ●キャリア教育
- 道徳的実践力　など

④教育観・学力観の誤り・思い上がりによる表現

- 音楽や美術の**技能教科**は意欲的に学習しますが，**肝心の国語**では集中力が続かず……
- ～に私の教育方針に照らして許せないことで……

その他の NG 表現例
- ●主要教科　●基礎教科　●私の教育信念（私の教育観）では
- ●私のクラスでは認めていない　●私の経験にない
- ●担任の言葉に従えない　など

⑤ほかの生徒と比べた表現

- 国語や数学の理解力は，○さんに次いでクラス第2位です。
- 友達が作品を仕上げているのに，マイペースで作業を続けています。

⑥独善的，断定的で，冷淡な表現

- まるで活気がなく，授業中もいるかいないかわからないくらいです。もっとはきはきできるようにしたいものです。
- 学習中，私語が目立ったり，落ち着きがなかったりすることが原因で，理解が不確かです。この点が直らない限り，学習成果は期待できません。

⑦生徒の欠点を指摘するばかりの表現

- 何をするにも真剣さが足りません。授業態度にもむらがあって，成績の伸びもあまり見られません。
- 作品を仕上げるのにとても時間がかかります。製作や作業が中途半端です。

● 課題を指摘する際の留意点

①できていない点を補う課題だけでなく，よくできる点を伸ばす課題も示します

　　課題というと，できていない点を補うためだけと考えがちですが，よくできる点を更に伸ばすための課題もあります。後者を先述すると，生徒も保護者もうれしく，やる気につながりやすくなります。

②課題を示すだけでなく，必ず努力の仕方を示します

　　できていない点（課題）だけを示しているものがあります。これでは，生徒も保護者も嫌な思いをするだけで，今後，どのようにすればよいかもわかりません。どう努力したらできない点ができるようになるのか，努力の仕方をできるだけ具体的に示すことが必要です。

③よくできている点を示してから，課題と努力の仕方を示します

　　よくできている点をまず示すとうれしくなります。次に，できていない点を補う課題と努力の仕方を示しても，素直に受け止め，努力する気になります。

④努力とその成果を書くようにします

　　その学期中に本人が大変努力し，その結果できていない点ができるようになったり，進歩したりした点などを書きます。課題に取り組むように促したり，励ましたりする効果があります。

⑤学習意欲や態度の向上について書くようにします

　　継続して課題に取り組むことにより，基礎的・基本的な内容の習得は徹底できます。そのためには，たえず課題を意識して取り組む姿勢，態度が必要です。学期中の意欲，態度の向上を進んで示すことで，意欲，態度を育成できます。

⑥生徒ごとにデータをファイルし，書き分けます

　　課題は生徒ごとに違い，努力の仕方も違います。生徒ごとに書き分けるために「生徒ごと」「単元ごと」にきめ細かいデータを収集しておきます。

● 課題を指摘する所見文例

○学習成果が上がらない生徒

①授業中の学習態度は良好ですが成績に反映できていません。②学習方法を工夫することにより，向上が期待できます。

①良好の中身がよくわからない。
②工夫の仕方を具体的に助言する。

添削後 　理解力に優れていますので，注意を集中して先生の説明を聞き，重要点を理解するよう心掛けるとともに，予習・復習を確実に実行すれば，更に向上が期待できます。

POINT 授業中静かで落ち着いているように見えても集中できていない場合も多い。

○教科の好き嫌いが激しい生徒

①教科の好き嫌いがあり，学習内容の理解に差があります。②好き嫌いをなくし，どの教科も真剣に取り組んでください。

①好き嫌いの内容をはっきりさせる。
②苦手教科の克服法を具体的に示す。

添削後 　数学には積極的で，学習の成果も現れていますが，英語には苦手意識をもっているようです。教科書の単語や基本文型をしっかり復習することが大切です。

POINT 具体的な方法を助言し，学習意欲を喚起する。

○忘れ物や宿題忘れが多い生徒

①忘れ物や宿題の忘れが多く，授業に参加できないことがありました。②しっかり準備するようにしてください。

①具体的な事例を示す。
②具体的な対策を示す。

添削後 　体育着を忘れたり，英語の宿題の答え合わせができなかったり，授業で困ることが多かったですね。家庭で前日のうちに準備物を確認し，忘れ物のないようにしましょう。

POINT 具体的な場面を想起させるとともに，対策は可能そうなことから助言する。

○特徴を見付けにくい生徒

①いつも静かで目立ちません。②何か自信をもってできることを探して、やってみましょう。

①目立たないことがどうなのか？
②自分のよさがわからないのでは？

添削後 控えめですが、判断力に優れ、クラスメイトから信頼されています。自分ができると思うことは自信をもって積極的に挑戦してみましょう。

POINT 自信をもてないでいることも多い。自己の長所を自覚させる。

○服装，身なりが気になる生徒

①服装、身なりに乱れがあり、何度も指導をしましたが、まだ改善できていません。②ご家庭でもご指導をお願いします。

①具体的な事例を示す。
②家庭に丸投げしない。学校と家庭との連携を図る旨を示す。

添削後 遅刻の増加、服装の乱れが目立つようになるなどに、何か悩みごとがあるのではないかと気にかかっています。じっくり相談し、○さんの悩みを把握した上で、一緒に解決を図りたいと考えています。

POINT 「心は言動・姿に表れる」といわれる。乱れた姿で自己表現して安心を得ている面も肯定しつつ寄り添う姿勢を示す。

○協調性に欠ける生徒

①自分の考えをはっきり述べたり、自主的に判断して行動したりすることができるのですが、②クラスメイトとぶつかる場面も時折見られました。

①このこと自体は悪いことではない。
②協調性を促す表現に。

添削後 はっきりと自分の考えを述べ、自主的に行動できるのはあなたのよいところです。さらに、相手の意見もしっかり聞いて行動できるようになると、すばらしいリーダーになれると思います。

POINT よい面はしっかり評価し、その上で更に向上するためのポイントを具体的に示す。

● 長所発見のヒント

①なぜ長所の発見が必要なのか

　長所の発見とは，その生徒のよさや可能性を発見することです。学校教育で，生徒一人一人のよい点や可能性，進歩の状況を評価することを原則として，他者との比較の評価でなく，個人内評価を基本とします。生徒一人一人の存在そのものを認め，その生徒のよさや可能性を積極的に見出し，認め，伸ばしていく評価観が，すべての教師に求められています。

②通信簿に長所を書くことの意義

　通信簿は生徒一人一人の長所（よさや可能性）を積極的に評価し，それを生徒および保護者に対して通知するものです。各教科等の評定や所見は，その生徒がその学期に頑張ってきた総評です。生徒や保護者の立場からすれば，その生徒のよさや可能性を教師が認識しているかを確認できる資料でもあります。よさや可能性を共有していることの教育的効果は大変大きいものがあります。

　そこでいかに生徒一人一人の長所を見出すかが大変重要です。この基本姿勢のもと，各学級担任は，日々の生活を通して生徒を多面的・多角的に見つめ把握した長所を蓄積して，それを学期末の通信簿に記載することが求められます。

③どんな生徒にも必ず長所はある

　どんな生徒にも必ず長所はあります。しかし，教師の立場から生徒を見るとき，長所を見出しやすい生徒と，悪い点ばかりが目立ち長所を見出すことがむずかしい生徒がいるのが実態です。どのようにすれば，生徒一人一人の長所を見出すことができるのでしょうか。

④長所を発見するための視点

　「どんな生徒にも必ず長所はある」という姿勢をとり，すべての生徒を対象に，学習や生活の様子を多面的・多角的に見つめることが基本です。教師個人の一面的な観察のみによって，主観的，感情的な側面でとらえることは，避けなければなりません。

　生徒の長所を発見する際に有効な視点を，次ページ以降に紹介します。

● 長所発見の視点表

視　点	評価法	具体的なポイント
生徒の すべてを認める （受容）	・観察	●まず大切なことは，生徒一人一人の存在を認め，一人の人間として見ることである。教師は，生徒が心身ともに成長し，将来を担う社会人として立派に生きていくことを願っている。そのためには，生徒のすべてを認めるという前提がまず必要である。
短所を長所に 置き換えて見る （発想転換）	・観察 ・自己評価 ・相互評価	●逆転の発想が大切で，長所は時として短所になり，短所は考え方を変えればよさや長所にもなる。短所は目に付きやすいが，その短所をよい面に伸ばすよう指導や助言を与えたり，その短所を長所に置き換えたりして，生徒の長所を見いだす。 ●活発であることが，授業中は騒がしいとの指摘を受ける反面，学級活動などでの話合いでは，積極的な発言が多く，全体の雰囲気をよくする場合もある。
集団の中で見る （集団抽出）	・観察 ・相互評価	●学校は集団生活を基本としており，生徒は一人でいるときとは違って，集団を意識した言動になる。その生徒が集団の中でどのように言動し，周りの生徒からどのように見られているかなど，集団の中で生徒をとらえて長所を見出す。 ●友達に対して，思いやりのある言動ができる生徒や，集団活動の中でリーダー性を発揮する生徒など，日頃見えない姿をとらえることができる。
客観的データから 見る （客観法）	・データ 　分析	●学級担任が生徒を主観的・恣意的にとらえることがあってはならない。そのためにも，客観的・科学的なテストを実施して，そのデータから生徒を客観的に把握し，その中で長所を見出す。 ●定期考査，検定試験（英語，漢字など），知能検査，適性検査など。

視　点	評価法	具体的なポイント
生徒のレベルに立って見る （同レベル）	・観察	●教師は生徒を教える対象としてとらえ，師弟関係，上下関係で見がちである。それでは長所が見えてこない場合がある。教師が生徒のレベルになることで，その生徒の長所が見えてくる場合がある。 ●生徒の活動に教師が参加する，昼休みの時間に生徒と一緒に遊ぶ，生徒との雑談や共通の話題で話をするなど。
見る場を変えて，さまざまな場で見る （場面転換）	・観察	●授業，学校行事，生徒会活動，係活動，部活動などさまざまな場面があるため，学級担任は，すべての場面で生徒を見ることはできない。そこで，できる限りいろいろな場面で生徒を観察することを日頃から心掛けるとともに，学級担任は，ほかの教師からの情報提供，補助簿の活用，生徒や保護者からの聞き取りなど情報収集に努める必要がある。
生徒の作品，作文などを通して見る （業績・作品評価）	・作品分析 ・観察 ・自己評価 ・質問紙	●生徒の教科の作品（美術科や技術・家庭科の作品など），学校行事後の作文や学年の最初に書かせる作文などから，生徒のもっている長所を見出す。生徒自身の特技や芸術的才能，そして生徒の考え方，ものごとの見方，表現力などの長所を見出すことができる。 ●文化祭や学芸発表会などを通して，新しい発見がある場合が多い。担当する教科の中で行う自己評価や，学級活動などで行う学期末や学年末に行う反省アンケートの資料も，外からでは観察のむずかしい生徒の内面理解（特に，興味・関心・意欲など）に役立つ。
生徒一人一人との面接や会話を通して見る （会話・面接）	・面接 ・聞き取り	●中学校は教科担任制であり，学級担任であっても毎日全員の生徒と話すことがむずかしい場合もある。日頃から生徒との会話を大切にし，人間関係をつくることを大切にする。また，「いつでも，どこでも，誰とでも面談をする。相談を受ける」ことを心掛ける。生徒にもそのことを周知させる。さらに定期的に時間を設定し，面接をする。

視　点	評価法	具体的なポイント
ほかの教師からの見方,とらえ方を知りそれらを通して見る（情報交換）	・相互評価 ・事例研究	●一人の学級担任の見方，とらえ方は，ともするとその生徒の断片的で部分的な点しかとらえていない場合が多い。他の教師がとらえるものとはまったく違うこともある。そこで，教師間や学年会の情報交換を通して，生徒を多面的にとらえる。一人の生徒について，何人かの教師で話し合えば，気付かなかった側面や長所を知ることになり，その後の指導にも役立つ。
友達同士の相互評価を通して見る（相互評価）	・相互評価 ・質問紙	●生徒にとって，友達との人間関係は重要である。相互の関係の中で，他の生徒がその生徒をどのように見ているのか，どのように評価しているのか，という観点からその生徒の長所を見いだす。 ●学校行事などへの取組みを通した「友達のいいところ探し」や，小集団での互いのよさについて伝え合う活動など。
生徒の自己評価を通して見る（自己評価）	・自己評価 ・質問紙	●自分の長所を見出すことはむずかしいことだが，あえて自分のよさや可能性を自己評価させる。そこで挙げられた長所を教師として認め，受け入れて伸ばしていく。そこで大切なことは，「必ず，長所はある。長所がない人間はいない」ということを伝え，自分の長所を見つけ出させることある。 ●エンカウンターによる振り返り（シェアリング）や進路指導による自己分析カード，総合的な学習の時間における自己評価カード（ワークシート,感想文など）もこれにあたる。
これからの可能性ある一人の人間として見る（可能性期待）	・観察	●どんなに短所ばかり見える生徒でも，中学生という段階は，まだまだ人間的にも未熟なときである。発達途中であり，将来どのような可能性があるかわからない。生徒を一人の人間としてとらえ，いまの状態ではなく，長い目で見てその生徒の将来的な可能性から判断して長所を見出す。

視 点	評価法	具体的なポイント
地域や家庭などの学校外の生活の中で見る （学校外発見）	・面接 ・聞き取り	●学校生活で目立たない生徒でも，地域の中の活動を通してジュニアリーダーとして活躍していたり，家庭内でよく家族を手助けしたり，家庭学習を大変よくやったりと，学校生活では学級担任が把握できないその生徒の長所を発揮している場面がある。 ●地域の方との懇談や，保護者との面談を通して，その生徒の長所を見出す。
一人の生徒に注目し，総合的に観察して見る （事例研究）	・観察 ・記述分析	●観察する生徒を一人と決めて，その生徒の言動について，肯定的に観察する。いろいろな場面でどのように行動するのか，友達との関係はどうなっているのか，学校生活全般についてよく観察し，その中でその生徒の長所を見出す。
しかることよりほめることを通して長所を伸ばす （伸長）	・観察 ・行動分析	●生徒の健全育成を目指すには，しかるよりほめたほうが効果がある。長所が見えにくい生徒でも，日々の活動を通して少しでもほめる。そのことによってその生徒がもっている長所が見えてくる場合がある。短所が長所として伸びていくこともある。
生徒にさまざまな活動や場を与え，その中で生徒の長所を伸ばす （場面発展）	・観察 ・相互評価 ・記述分析	●生徒の長所を見出す方法として，計画的，意図的にいろいろな場面で活動の場・活躍する場を与えることがある。生徒はそうした活動場面を通して，学級担任が考えていた以上のすばらしい活躍をすることがある。 ●学級活動，学校行事，係活動，生徒会活動，日常の活動を通して，生徒に自主的，実践的に活動する場面を与える。

● 長所発見のためのキーワード一覧

使い方 以下は、前後に関連する言葉を並べたものである。生徒の長所を日頃の観察から以下の語群の中に見出し、その言葉をキーワードにしてまとめていくとよい。

【例】明るい ▶ 笑顔を絶やさない ▶ 社交的である ▶ 友達が多い ▶ 信頼されている

気質的側面から

- 明るい
- 陽気
- ユーモアがある
- 親切
- 温和
- 素朴
- 裏がない
- 几帳面
- 活発
- 機敏
- 笑顔を絶やさない
- 楽天的
- 温かい
- 親しみがある
- 動物好き
- 素直
- 正直
- 芯が強い
- バイタリティがある
- 勝ち気
- ほがらか
- 軽妙
- 優しい
- なごやか
- おおらか
- 率直
- 真面目
- エネルギッシュ
- 元気がある
- 負けず嫌い

精神的側面から

- 冷静沈着
- 判断力がある
- きちんとしている
- 自己統制力がある
- 自省心がある
- 人に左右されない
- 目標をもっている
- 計画性がある
- 不言実行
- 言行一致
- 確実さ
- 信念をもっている
- チャレンジ精神旺盛
- 創意工夫する
- 思慮深い
- 大局観がある
- けじめがある
- 自分をコントロールできる
- 自主的
- 前向き
- 夢がある
- 実行力がある
- 一貫性がある
- 最後までやり遂げる
- 勇気がある
- 発想豊か
- 好奇心旺盛
- 分別がある
- しっかりしている
- 自制心がある
- 人を頼らない
- 向上心がある
- 要求水準が高い
- 堅実
- 自信がある
- 意欲的である
- 多面的に見られる
- 独自性
- 独創性
- ユニーク

社会性の側面から

- 礼儀正しい
- ルールを守る
- 友情に厚い
- 面倒見がいい
- 順応性がある
- 親切

- 包容力がある
- 信頼されている
- 毅然とした
- まめ
- 潔い
- 誠実
- 真面目
- 公共心がある
- 公正
- 公平
- 公徳心がある
- あいさつがいい
- 仲よくやれる
- 社交的である
- 思いやりがある

- 心が広い
- 聞き上手
- 建設的
- 献身的
- 奉仕の精神
- 人に尽くす
- 親身
- よく気が付く
- 進んで働く
- ボランティア精神
- 視野が広い
- 客観的
- 批判力がある
- 言葉遣いがいい
- 律義

- 迫力がある
- 譲り合える
- 気さく
- 協力的
- 寛容
- 指導力がある
- 企画力がある
- 決断力がある
- 説得力がある
- 話し上手
- 堂々とした
- 無欲
- 偏見がない
- 差別しない
- 裏表がない

学習態度面から

- 勉強好き
- 勤勉
- 集中力がある
- 地道
- 粘り強い
- 積極的
- 研究熱心
- 自律的
- 課題をもって

- 努力家
- 真剣
- ひたむき
- コツコツと
- 持続力がある
- 意欲的
- 探究心がある
- 計画的
- 目標をもって

- 頑張り屋
- 熱心
- 一心不乱
- 根気強い
- むらなく
- 進んで
- 好奇心旺盛
- 主体的
- 向上心旺盛

学習能力面から

- 知識豊富
- 計算が速い
- 思考力がある
- 課題発見力がある
- 基礎・基本ができる
- 得意教科がある
- 文学的素質がある
- 音楽的才能がある
- 造形的・美術的才能がある
- 運動能力に優れている

- 理解が早い
- 読書力がある
- 応用力がある
- 情報収集能力がある
- 情報活用能力がある
- 問題解決能力がある
- 資料活用が巧み
- ひらめきがよい
- 要領がいい
- 精緻な技能をもっている
- 着眼点がよい

- 記憶力がいい
- 観察力がある
- 表現力が豊か
- 感受性が豊か
- 段取りがうまい
- 発想が豊か
- 独創的
- 整理がうまい
- コミュニケーション能力がある

● 文書作成のための用字・用語ヒント集
（通信簿,指導要録,調査書などでよく使用されるものを例示しています）

用字・用語，文章表現など

- 使用する漢字は「常用漢字」（平成 22 年内閣告示第 2 号）が基本です。
- 平易な言葉，簡潔な言い回し，明瞭な字体，一般に慣用されている言葉を使用します。また，常用漢字であっても，難読と思われる漢字はできるだけ避ける，必要に応じてふりがなをつけるなど，配慮します（例：萎縮・憶測・寡黙・語彙・真摯など）。
- 読点はテン「、」よりもコンマ「,」を使用します。使い分け規準は緩やかであり，内容により判断してよいと考えられますが，横書き公文書は「,」が標準，縦書きは「、」が標準です。
- 文末表現は敬体（「です」「ます」）にします。公文書は常体（「だ」「である」）を用いますが，通信簿には敬体で記述します。
- 「ら抜き言葉」は使わないようにしましょう。現文法上では標準的な表現ではありません。「見**られ**る」「食べ**られ**る」などとします。
- 「より」……比較を示す場合（「夏は春**より**暑い」）
- 「から」……起点を示す場合（「東京**から**京都まで」・「午後**から**開始します」）

異字同訓の使い分け例（平成 26 年　文化庁発表）

効果を**上**げる	許可が**下**りる	担任が**替**わる	授業の**始**め
実例を**挙**げる	主役を**降**りる	担任に**代**わって	年の**初**め
温かい心	過去を**顧**みる	峠を**越**える	池の**周**り
暖かい空気	自らを**省**みる	能力を**超**える	身の**回**り
言葉に**表**す	お金に**換**える	重圧に**耐**える	意見が**分**かれる
姿を**現**す	観点を**変**える	任務に**堪**える	友達と**別**れる
学問を**修**める	風**薫**る 5 月	委員を**務**める	
成績を**収**める	花が**香**る	解決に**努**める	

※言葉の「揺れ」などにより，使い分け・相違点が不明確な語句も含まれています。

● 漢語・漢字の使い分け例

[口に出して言う]
暗**唱**・暗**誦**▶「暗**唱**」を用いる

[積極的な気持ち]
意**志**▶意**志**が強い

[考え，思い]
意**思**▶意**思**表示

一**所**懸命・一**生**懸命
▶「一**生**懸命」を用いる

温和・**穏**和
▶性質・態度については「**温**和」を用いる

[ながめて楽しむ]
観賞▶草花の**観**賞

[よさを味わう]
鑑賞▶芸術の**鑑**賞

[愛情・親近感を抱く]
好意▶**好**意を寄せる

[思いやりのある心]
厚意▶**厚**意に感謝

[知識・技術など]
習得▶漢字の**習**得

[学問・技芸など]
修得▶単位の**修**得

[ほめたたえる]　**賞**賛・**称**賛▶賞状・賞品
などを与えないときに「**称**賛」を用いる

[試験を受ける]
受**験**▶高校を受**験**する

[検査を受ける]
受**検**▶身体検査を受**検**する

[賞状・賞品などを受ける]
受**賞**▶優秀賞受**賞**

[勲章などを受ける]
受**章**▶学級MVP受**章**

[美術作品]
制作▶絵画の**制**作

[道具，機械などの製造]
製作▶家具の**製**作

[本質を明らかにする]
探**究**▶真理の探**究**

[ものごとを探し求める]
探**求**▶平和の探**求**

[目的のものを追い求める]
追**求**▶幸福の追**求**

[真実・本質を追い求める]
追**究**▶真理の追**究**

[追い詰める]
追**及**▶責任の追**及**

[体力・精神力をきたえる]
鍛**錬**・鍛**練**▶「鍛**錬**」を用いる

[的をはずれていない]
的確▶**的確**な判断

[資格に合っている]
適格▶**適格**者

[適切で確実]
適確▶**適確**な措置

[優れた点・長所]
特**長**▶生徒の特**長**

[目立つ点・しるし]
特**徴**▶昆虫の特**徴**

独**特**・独**得**
▶「独**特**」が一般的

不断・**普段**
▶ひらがな書きがよい

[無限に交わらない]
平行▶**平**行線をたどる

[並んで進む]
並行▶線路に**並**行する

[個々を大きな単位にする]
編**成**▶チーム編**成**

[全体を個々の単位に組み立てる]
編**制**▶学級編**制**

※言葉の「揺れ」などにより，使い分け・相違点が不明確な語句も含まれています。

● 用語例

(1) 文部科学省の用語例・送り仮名用例集による主なもの

- 後片付け
- いろいろ
- おおむね
- 関わる
- 箇所
- かなり
- 効き目
- 傷つける
- 気付く
- 切替え
- ～くらい(ぐらい)
- 今後とも
- さらに～
- 更に～する
- したがって
- 十分
- ～にすぎない
- すばらしい
- せっかく
- 是非
- 堪え忍ぶ
- たくさん
- ただし
- 力付ける
- ちょうど
- 出来栄え
- ～できる
- 手際
- 手ごたえ
- ～とおり
- ところ
- ～とも(ども)
- 取り柄
- ない
- なかなか
- 眠気
- 根ざす
- 華々しい
- 離れ業
- 控え目
- 一人一人
- 増える
- 不十分
- ふだん
- ほか
- また
- 見事
- 見栄え
- 目指す
- 目つき
- めった
- 柔らかみ
- ～のようだ
- よほど
- ～わけ

(2) 複合語 (最初の語の送り仮名を省く傾向がある)

- 受入れ
- 受持ち
- 打合せ
- 貸出し
- 切替え
- 組合せ
- 組立て
- 締切り
- 立会い
- 立ち居振る舞い
- 立入り
- 手伝い
- 取扱い
- 取組み
- 引受け
- 引締め
- 引継ぎ
- 申込み
- 持込み
- 割当て

(3) 留意すべき表記 (文部科学省の規準)

- 補助語(～してください, ～のとき, ～とともに など)は仮名書き。
- 形式名詞(～ところ, ～ということ など)は仮名書き。
- 形容詞のあとに断定表現を用いない(優しいです→優しい面をもっています など)。

学校, 教育界だけにしか通用しにくい語句(専門用語など)は略語で使用しない。
【例】朝読 ▶ 朝読書(活動), 朝練 ▶ 早朝練習, 学活 ▶ 学級活動, 合唱コン ▶ 合唱コンクール など

● 教育関連用語として使用される概念の相違

- ● **育成**：育て上げること（人材の育成）
- ● **養成**：教え導いて成長させること（教員の養成）

- ● **基礎**：土台（知識・技能）※判別に苦慮する言葉であるため「基礎・基本」として用いられることが多い。
- ● **基本**：柱，全体の中心（能力）

- ● **技術**：科学的根拠・理論に基づいてものごとを行う技
- ● **技能**：訓練して身に付けた技術的腕前
- ● **技量**：ものごとをうまく行う能力

- ● **基準**：評定（現実）のためのよりどころ（選考基準）
- ● **規準**：手本・規則（道徳の規準）

- ● **自主性**：自ら進んで行動すること（行動レベル）
- ● **主体性**：自らの考えをもつこと（思考レベル）

- ● **性　格**：考え方・行動の一般的傾向性
- ● **道徳性**：性格に正・不正・善悪などの価値的判断が加えられたもの

- ● **素質**：持って生まれた能力
- ● **資質**：生まれつき備わっているものの見方・感じ方・考え方・行動力・判断の傾向性

- ● **文化**：人間の精神生活にかかわるもの。人間の生き方・精神の表現
  ※ほぼ同義であるが，一般に上下のような使い分けをする。
- ● **文明**：人間の技術的・物質的所産

- ● **目的**：成し遂げようと目指す事柄
- ● **目標**：目的を達成するために設定されたねらい・めあて

※表記法は文部科学省・新聞各社・NHK・出版各社など，それぞれに規準が異なっています。学校では文部科学省の規準をもとに表記するのが望ましいでしょう。

【参考文献】『新訂　公用文の書き表し方の基準（資料集）』（平成23年6月，文化庁）
　　　　　　『言葉に関する問答集　総集編（復刻版）』（平成27年11月，文化庁）

第2部 文例編

1. 学習の所見文例
2. 行動・特別活動の所見文例
3. 特別な配慮を必要とする生徒の所見文例
4. 生徒の状況別言葉かけ集

本書（2019年版）の特徴

　通信簿作成の第一義は学習の充実です。その学期における学習状況や成績などを保護者や本人に知らせ，進歩の状況や長所，短所などの確認を促し，今後の学習への動機付けや，学習に効果的に取り組むためのヒントを与えます。

　いっぽうで，教師の多忙化が叫ばれ，評価業務の効率化が課題です。今般，中央教育審議会『児童生徒の学習評価の在り方について（報告）』において，「各学校の設置者が様式を定めることとされている指導要録と，各学校が独自に作成するいわゆる通知表のそれぞれの性格を踏まえた上で，域内の各学校において，指導要録の『指導に関する記録』に記載する事項を全て満たす通知表を作成するような場合には，指導要録と通知表の様式を共通のものとすることが可能である」との見解が示されました。

　指導要録と通信簿の様式を共通化することは，教師の負担軽減につながるでしょう。ただし，二者の内容の一貫性を検討する際には，「観点別学習状況の評価を通信簿にどう記述するか」という視点が欠かせません。

　そこで本書は，今回の改訂版において，観点別学習状況に基づく文例の分類を更に強化しました。今版のおもな特徴は以下の通りです。

○ 特に意識させたい資質・能力に見合った，文例を選択できます
○ 生徒の様子，活動場面に応じて，文例を選択できます
○ 評価観点別に文例を選択でき，指導要録と通信簿の一貫化に役立ちます

　なお，観点別評価に十分に示しきれない，生徒一人一人のよい点や可能性，進歩の状況などについては，「日々の教育活動や総合所見等を通じて積極的に子供に伝えることが重要」という中央教育審議会『論点整理』の説明を踏まえ，「行動」（第2章）や「特別な配慮を必要とする生徒」（第3章）の文例，また「生徒の状況別言葉かけ集」（第4章）の中で紹介しています。

参考文献：中央教育審議会（2015）『教育課程企画特別部会における論点整理』
　　　　　中央教育審議会（2019）『児童生徒の学習評価の在り方について（報告）』
　　　　　無藤隆・石田恒好編著（2010）『新指導要録の解説と実務』図書文化

第1章 学習の所見文例

所見記入時の留意点

❶ できている点を最初に示します

　できているところが書いてあると、生徒も保護者もうれしくてやる気になるものです。課題の指摘よりも前、とりわけ最初に書いてある方が、その効果は高くなります。

　習得状況が他者と比べて低い生徒でも、個人内評価でみればできているところがあるはずです。積極的に長所を発見して記入するようにします。

❷ できていない点については努力の仕方を示します

　できていないことだけが指摘されている通信簿では、生徒も保護者も嫌な思いをもちます。課題や可能性の指摘は必要なことですから、表現の仕方に工夫が必要です。できていない点を指摘するというより、どうしたらよくなるかというトーンで書くようにします。

❸ 努力や進歩の状況を書くようにします

　総合評定や観点別学習状況の評定では、努力できていたことや取組みの中で見られた進歩をうまく表現できないことがあります。所見文で補うとよいのです。特に、2学期、3学期は、学年のはじめと比べてよかった点を書くことが大切です。

❹ 生徒ごとに書き分けます

　生徒が見せ合ったときに、全く同じ文面では納得できません。ささいなことに思えますが、受け手の立場からすれば信頼性を大きく左右します。文例を集めたり、事前に文を作成して検討したり、書き分ける努力が必要です。

❺ 単元ごとくらいに丁寧なデータを収集します

　よくできるところ、できないところの学習の仕方、努力や進歩の状況、学習態度などを上に述べたように適切に書くためには、単元ごとくらいのきめ細かいデータを、生徒ごとに収集しなければなりません。単元テストや標準検査なども活用して効率的に収集します。

❻ 記入した文は記録しておきます

　同じような文をまた書かないために、次の学期はそれと比べながら書くために、また、文例として収集しておくために、です。

学習全体

学習成果 ▶ 学習成果が十分上がっている

生徒の様子
学習態度がよく，学習成果が著しく向上している生徒

[所見文例]

- 学習意欲が旺盛で，討論などほかの生徒との意見交換では，積極的に発言する姿勢が立派でした。今後は，よりむずかしい問題に挑戦することで，更なる学力の向上を目指しましょう。
- 授業に集中して取り組んでいました。学習のポイントになる事柄を自分でメモをしたり，その日の学習内容をその日のうちに復習したりする習慣が身に付いていることが，学力向上の鍵となっています。

POINT
学習の過程や成果のよい点を，パフォーマンス評価やルーブリック，ポートフォリオ評価で具体的に認め，現状に満足せず，より深い学びにつなげる方向付けをする。

生徒の様子
自分に合った学習方法で学習成果が向上している生徒

[所見文例]

- 得意な教科は予習を中心に，不得意な教科は復習を中心に取り組むなど，学習の仕方を工夫したことが，各教科ともめざましい学力の向上に結び付きました。今後も自分に合った学習方法を大切にしてください。
- テストの間違い直しを丁寧に行うなど，同じ誤りを繰り返さないための工夫が，学力の向上に結び付きました。テストは重要ポイントの集まりですから，今後も取組みを継続することを期待しています。

POINT
学習方法の工夫について，どんな点がよかったのかを具体的に示して評価し，迷わずいまの取組みを継続するよう励ます。

学習成果 ▶ 学習成果が十分上がっている

生徒の様子
努力の結果，良好な学習成果が出ている生徒

[所見文例]

- 努力を惜しまず，継続して復習に取り組み，学習量を増やしたことが，学力の向上として結実しました。効果的な学習方法を身に付けたのですから，迷わず自信をもって取り組むことで，更なる向上が望めます。
- 家庭学習に取り組む際には，問題集のページ数などの学習量をもとに計画を立てることが有効であることが証明されました。あきらめずに努力を継続した実行力はとてもすばらしいです。

POINT

常に努力をし，良好な学習成果を収めている生徒の頑張りを高く評価し励ますことで，更なる向上を促したい。

生徒の様子
積極的な学習態度が他者の模範となっている生徒

[所見文例]

- 授業中に疑問点について積極的に質問したり，つまずいている友達にアドバイスをしたりすることで，クラス全体の集中して学習に取り組もうとする意識を高めていました。意欲的な学習態度は，ほかの生徒の模範です。
- 授業中，学習問題について，ペア学習，グループ学習，全体での学習，それぞれの段階で考えをまとめる力が優れています。学習リーダーとしてクラス全体の学習意欲の向上に大きく貢献していました。

POINT

学習の基本となる授業に積極的に取り組む生徒の存在が，クラス全体の授業への集中力を高めることに貢献していることを評価したい。

学習全体

学習成果 ▶ 学習成果が十分上がっている

生徒の様子
基本は十分身に付いており，更なる向上が見込める生徒

[所見文例]

- 基本的な学習内容は，よく身に付いています。これからは，これまで学習した成果と結び付けて，応用問題などより高度な課題に挑戦することで，学習に対する興味や関心が深くなり，学ぶことの楽しさを味わうことができます。
- 身に付いている基礎的な学習内容を基に，よりむずかしい問題にも挑戦してみましょう。わからないことは何でも質問してください。応用問題も解くことができるようになれば，更なる成績の向上が期待されます。

POINT

基礎的・基本的な学力は，学習理解の土台となるが，社会的な事象などを理解するためには，応用力を身に付ける必要があることをわからせたい。

生徒の様子
知的理解に優れているが体験的活動に消極的な生徒

[所見文例]

- 知識は豊富で定期テストの成績もよいです。観察や調査など具体的な体験的活動にも，より積極的に取り組めば，学習内容の理解がより深く内容の濃いものになります。実際の体験を大切にしてほしいです。
- 教科書の内容理解は，優れています。しかし，課題について調べてまとめる作業学習などでは意欲にむらがみられました。学習内容を深く理解するためには，実際の現象や状態に向き合うことを大切にしましょう。

POINT

知識や内容の理解に止まることなく，体験や見学，調査によってより深くものごとを理解できることに気付かせ，体験的な学習の大切さを理解させたい。

学習成果 ▶ 学習成果が十分上がっている

 生徒の様子
定期テスト直前に短時間の学習で済ませている生徒

[所見文例]

- 今学期の定期テストではよい成果を修めました。今後は、学習内容がむずかしくなるに従って、繰り返して学習したり、計画的に学習したり、日々の学習を大切にし、家庭学習の時間を増やしましょう。
- 定期テストでは、各教科ともよい成果を修めていました。これからよりむずかしい内容に進みますので、成績の維持や、向上ができるよう学習計画を立てて、着実に家庭学習に取り組んでいきましょう。

 POINT

中学校では、学習範囲が広いため、定期テストの対策を怠ることで急激な成績の低下を招き、学習意欲の低下につながることを理解させたい。

 生徒の様子
学習成果の向上がみられるが自己評価の低い生徒

[所見文例]

- 毎日、計画的に家庭学習に取り組んでいることが、成績の向上に結び付きました。自分の学習スタイルに自信をもって、継続して取り組むことで、更なる成果が得られるものと考えられます。
- これまでの学習計画表や定期テストの結果を見返すことで、継続して学習に取り組んできた成果が、実を結んだと実感できると思います。計画的に復習に力を入れる学習習慣を、今後も大切にしてください。

 POINT

継続した学習への努力が、学習の成果の向上に結び付いていることを実感させ、今後も自信をもって学習に取り組むよう励ましたい。

学習全体

学習成果 ▶ おおむね学習成果が上がっている

生徒の様子
教師の助言を実行して学習成果が向上しつつある生徒

[所見文例]

- 学習方法を見直し，着実に実行したことが，学習成果の向上に結び付きました。基本的な知識や技能は身に付いていますから，計画的に復習して，学習内容についての理解を深めていってください。
- 基礎的な内容を着実に理解していました。学力は少しずつ向上するときと，一気に向上するときがありますから，身に付けた学習方法を続けて更なる向上を目指しましょう。

 POINT

教師の助言を受けて，正しい学習方法を実行することで学習の成果が上がることを意識させ，「やればできる」という意欲をもたせたい。

生徒の様子
努力の結果，学習成果が着実に向上している生徒

[所見文例]

- これまでの学習方法について，自分で分析して改善点を見つけ実行したことが，学習成果の向上に結び付きました。学習に対する真剣な取組みを継続することで，更なる学力の向上に結び付くでしょう。
- 日々の学習量を問題集のページ数で決めたり，家庭学習の開始時間を早めて効率的に復習したりするなどの，努力の成果が学力の向上に結び付きました。身に付けた学習方法と自分の力を信じて，努力を続けてください。

 POINT

努力している生徒には，日々の進歩を高く評価することで，学習意欲を向上させ，努力を継続させて，大きな進歩につなげたい。

学習成果 ▶ おおむね学習成果が上がっている

生徒の様子 学習方法を変えたことで学習成果が向上しつつある生徒

[所見文例]

- 今学期は，各教科の理解度に応じて，予習中心の教科と復習中心の教科を選んで，学習方法を工夫したことが，学習内容の定着に結び付きました。効果的な学習方法を確実に実行している姿勢はすばらしいです。
- 前回の定期テストの反省に基づいて，自らの学習方法の改善に取り組みました。学習準備を確実に行い，復習にも力を入れて，授業中も根拠をもった発言を数多く重ねたことが，成績の向上に結び付きました。

 POINT

家庭学習のやり方をどう変えたのかを具体的に示し，学習の習慣を身に付けたことを評価することで，成功事例としてほかの生徒の学習モデルとさせたい。

生徒の様子 体験的活動によく取り組むが知識面に課題がある生徒

[所見文例]

- 実験や観察，調査や討論などの授業で，活発に活動する姿勢はすばらしかったです。今後は，学習内容の理解を更に深めるため，活動の結果をレポートにまとめるなど知識を整理することにも力を入れていきましょう。
- 体験的な学習に積極的に取り組む姿勢は，ほかの生徒の模範です。体験的な学習で感じたことや気付いたことをノートにまとめ整理することで，より効率的に学習内容を理解することができると考えられます。

 POINT

体験的な活動に積極的に取り組む学習意欲があることを評価しつつ，知識面の整理が疎かになり，内容の理解が十分でない生徒には問題点に気付かせたい。

学習全体

学習成果 ▶ おおむね学習成果が上がっている

生徒の様子
現状に満足して努力しない生徒

[所見文例]

- 基礎的な学習内容が定着しているため，学習内容の理解度も高いです。現状に甘んじることなく，よりむずかしい問題にも挑戦することで，学習の面白さをもっと味わってみてください。
- 学習成果は上がっています。進路についての目標を達成するためには，現状に満足することなく，さまざまな観点から問題にアプローチするなど，より高い次元を目指して学習に取り組むことを期待しています。

 POINT

学習の理解度は高いが，現状に満足している生徒には，より高い目標に挑戦させることで，学習意欲を喚起したい。

生徒の様子
基本は身に付いているが応用力に課題がある生徒

[所見文例]

- 基礎的・基本的な学習内容は，よく身に付いています。今後は，個々の知識相互の関連性などにも目を向けて，視野を広くもつと，さまざまな問題を解く応用力が身に付けられます。
- 知識を修得することは，課題を解決するための大切な一歩です。より深い理解に至るためには，むずかしい問題にも挑戦して，疑問点を整理して質問するなど，知識を関連付ける学習を積み重ねてみましょう。

 POINT

基礎的・基本的な事柄は身に付いているが，一問一答的な理解のため，総合的に課題を解決する力を付けさせたいと考える。

学習成果 ▶ おおむね学習成果が上がっている

 生徒の様子
基礎的な学習内容でケアレスミスをする生徒

[所見文例]

- むずかしい問題に挑戦して、積極的に質問するなど、学習に取り組む姿勢は立派です。ときどき、基礎的な学習内容の理解が十分でないところでつまずくことがありました。復習に力を入れて取り組みましょう。
- レベルの高い課題にも積極的に挑戦し、着実に成果を上げました。基礎的な学習内容で、ケアレスミスをするときがありましたので、基本的な内容については、繰り返し学習して確実に身に付けるようにしましょう。

 POINT

比較的成績はよいが、ときどき、基礎的な内容の理解ができていないために、思いもよらないミスをしてしまう生徒に、ミスを防ぐための学習方法を理解させたい。

 生徒の様子
学習計画は細かく立てるが実行力に課題がある生徒

[所見文例]

- さまざまな学習方法の中で、自分に合った学習方法を見つけました。迷わず着実に実行することが大切です。理解力があるのですから、立てた学習計画を基に問題練習までしっかりと実行することが学習成果の向上に結び付きます。
- 学習計画を立てて、学習に取り組む姿勢は好感がもてます。学習の進み具合なども考慮して、計画を変更するなどの柔軟な対応も検討することで、無理なく学習を進めることができます。

 POINT

学習計画の細部にこだわったり、ほかの生徒がよいと思った方法に飛び付いたりして、計画倒れにならないように、実力が発揮できない生徒の軌道修正を促したい。

学習全体

学習成果 ▶ 学習成果が不十分

[生徒の様子]
得意科目と不得意科目の差が著しい生徒

[所見文例]

🖋 得意教科の学習でいきいきと活動して積極的に発言し，学習リーダーとして活躍する姿には，目を見張るものがありました。不得意教科でも，時間をかけて復習することで，学習内容の定着が図れると思います。

🖋 得意教科では，授業に集中して，ノートに気付いたことをまとめるなど積極的な姿勢が見られました。不得意教科については，復習に力を入れ，テストの間違い直しなどに重点を置いて，焦らず学習を進めましょう。

POINT

教科の得意・不得意の差が激しい生徒は，得意科目に多くの学習時間をかけ，不得意科目を避ける傾向があるため，不得意教科を克服するアドバイスをしたい。

[生徒の様子]
努力が学習成果につながらず意欲が低下している生徒

[所見文例]

🖋 学習に意欲的に取り組んでいました。これからは，学習量や方法についても検討してみましょう。不得意教科については，学習範囲を広げず，基本的な内容や試験の間違い直しなどに的を絞って，着実に進めましょう。

🖋 復習を頑張っていますが，内容の最後まで終えることがむずかしいようです。定期テストでは，1か月前から逆算して，無理なく成果に結び付くような学習計画を立てて，範囲の学習を一通り終えることを目標にしてみましょう。

POINT

「学習しても成績が伸びない」ことで，学習意欲が減退しがちだが，努力を評価した上で，具体的な方法を示し，スモールステップの学習に取り組ませたい。

学習成果 ▶ 学習成果が不十分

生徒の様子
学習する前からあきらめてしまうようになった生徒

[所見文例]

- 学年当初，進路の目標に向かって学習に意欲的に取り組んでいた姿が忘れられません。内容の理解については，一度にすべてを解決しようと焦ることなく，まず一つの教科について，教科書の復習から始めましょう。
- 授業中の集中力やノート整理などは，評価できます。学習内容を理解するためには，学習したその日のうちに短時間でも復習することや，しばらく間をおいてもう一度復習することで，内容理解が深まります。

POINT
学年当初は学習意欲があったが，内容理解の積み残しが蓄積されたことであきらめてしまい，学習そのものから逃避しようとする生徒の意欲化喚起したい。

生徒の様子
基礎的・基本的内容について理解が不十分な生徒

[所見文例]

- 授業を集中して聞くことはできていますが，学習内容の理解に困難さを感じていませんか。中学校の学習は，これまでの学習の積み重ねの上に成立するものですから，わかるところまでさかのぼって，学び直しから始めましょう。
- 授業態度は真面目ですが，内容のわからないところが多いようです。学力の向上には学習内容の積み重ねが必要です。これまでの学習内容について，教科書の例題を活用して理解できたところとできないところを分ける学習から始めてみましょう。

POINT
中学校の学習は，小学校の学習との接続など，いままでの積み重ねの上にあるものなので，前の学年段階の学習内容の欠落は，前の段階まで戻って指導する必要がある。

学習全体

学習成果 ▶ 学習成果が不十分

生徒の様子
授業中に集中力に欠けるために理解が不十分な生徒

[所見文例]

🔖 学習の基本は授業の理解にあります。授業では学習準備を整え，先生の説明やクラスメイトの発言などに注目し，疑問点はまとめて質問するようにしましょう。授業を大切にすることから，学習を再スタートしてみましょう。

🔖 授業では，学習内容の重要なポイントについて説明されます。先生が繰り返し説明した内容や，クラスメイトが質問した点などに注目して，授業に集中する習慣を付けましょう。

POINT
授業中に居眠りや私語で授業そのものを聞いていない場合や，途中の学習内容へのこだわりやつまずきから聞きそびれてしまう事例など，事例別の対応が必要である。

生徒の様子
学習理解が遅れがちな生徒

[所見文例]

🔖 授業では内容を理解しようと努力しています。今後は，学習準備を整えて，先生の説明を集中して聞く習慣を身に付けましょう。学習内容が理解できないときには，自分から積極的に友達に相談したり，先生に個別に質問したりしましょう。

🔖 学習では，一度にすべての内容を理解しようと頑張っていますが，むずかしいことがあります。一通りクラス全体の進度に従って学習を進めて，もう一度疑問点に返って質問するなどの学習スタイルで取り組むとよいでしょう。

POINT
生徒の学習理解の仕方は多様であり，学習理解のスピードも異なることから，一斉授業と個別指導を併用して，課題の難易度を工夫し，授業を理解させたい。

学習成果 ▶ 学習成果が不十分

生徒の様子
学習について漠然とした不安のある生徒

[所見文例]

✎ 授業で疑問に思ったことは、近くの席の友達や先生に質問するなどして、まず1問をしっかり解くことから始めましょう。そして自分の力でわかるところとわからないところを区別していきましょう。

✎ 授業中は、教科書の例題などを参考にして、黒板に書かれた問題の解き方のパターンがなぜそうなるのか、理由を考えてみましょう。その中で疑問に思ったことを、友達や先生に質問してみましょう。

 POINT

学習内容のわかる・わからないの区別が漠然としていて、どこから手を付けてよいかわからないために、手をこまねいている生徒を支援する。

生徒の様子
学校を欠席がちなため学習に遅れが出ている生徒

[所見文例]

✎ 体調が思わしくない中でも、学習に対する熱意を失わず家庭で課題に取り組んだ意欲がとてもすばらしいです。まずは、体調の回復を待って、無理のない範囲で疑問点をまとめるなど、できる範囲で取り組み、何でも質問してください。

✎ 学習内容が途切れがちになる中でも、自習課題や家庭学習に取り組むことができました。授業時間だけでなく、時間を見付けて質問に応じますから、疑問点を整理しておきましょう。

 POINT

欠席の理由を考慮した上で、学習がわからなくなるという生徒の不安に早期に対応して、学習の遅れが生じないよう予防的な対応を取りたい。

学習全体

学習成果 ▶ 学習成果に偏りやむらがある

生徒の様子
特定の教科だけが優れており，他教科に不安のある生徒

[所見文例]

- 特定の教科で抜群の理解力を示し，自信をもって学習に臨む姿勢は，頼もしいです。他教科でも授業に集中し，わかるところとわからないところの区別を付けて，友達や先生に質問することから始めましょう。
- 特定の教科で，すばらしい成果を上げたことは立派です。進路の目標を達成するためには，中学校の学習内容を確実に理解することが大切ですから，まずほかの教科の一つを重点的に復習してみましょう。

POINT
1科目でも抜きんでていることを高く評価する。義務教育段階ではバランスのとれた学力が必要であるため，他教科の学習にも目を向けさせたい。

生徒の様子
不得意科目も努力して克服しつつある生徒

[所見文例]

- 長期の休みを活用して，中学校当初の学習までさかのぼって復習したことから，基礎・基本を踏まえた着実な理解に結び付きました。その努力を高く評価したいと思います。
- 進路についての目標を明確にもち，苦手としていた教科の学習の意義を理解して，着実に努力したことが，成績の著しい向上につながったものと思われます。今後も，努力を継続することを期待します。

POINT
生徒が苦手意識を克服して，学力向上につなげることは相当の努力が必要であり，その取組みを高く評価し，努力を継続させたい。

学習成果 ▶ 学習成果に偏りやむらがある

生徒の様子
高校受験に関係する科目だけを重視する生徒

[所見文例]

🖋 高校受験について志望校を決めてから，入学試験科目に特に力を入れて学習していました。その反面，ほかの教科については，提出物の未提出や実技の見学が増えるなど心配です。中学校の学習すべてを大切にしましょう。

🖋 将来の進路の目標をしっかりともち，高校入試に向けて努力をしています。しかし，学習への取組みは，入学試験に関係する科目とその他の科目で，大きな差があるように感じられます。学習の基礎・基本を大切にしてほしいです。

 POINT

高校受験に関係する科目だけを重視し，ほかの教科を極端に疎かにする生徒に対しては，高校入試でも調査書などで中学校の学習状況が評価されることを伝えたい。

生徒の様子
学習態度にむらがあるため学習成果も不安定な生徒

[所見文例]

🖋 進路の目標に向かって，学習に集中してよい成果を上げていますが，集中力を欠き不安定なときがありました。学校生活を送る上で不安なことがあれば，先生やスクールカウンセラーに相談してください。

🖋 理解力が高く，よい学習の成果を残せる実力がありますが，学習態度について，日によってよいときとそうでないときの差が激しいようです。気持ちを落ち着けて，学習の目的について考えてみましょう。

 POINT

教師や友達との関わりが原因で，授業態度にむらがあり，学力も不安定な生徒には，気持ちを落ち着かせ，学習の目的を再確認させたい。

学習全体

学習成果 ▶ 学習成果が上がった／下がった

生徒の様子
多くの教科で，学習成果の急激な向上がみられた生徒

[所見文例]

- 進路についての目標が明確になったことで，学習に取り組む姿勢が格段にレベルアップしました。計画的に学習を進めていることから，各教科ともに大幅に成績を向上させています。この調子を維持してほしいです。
- 健康を回復したことから，体力に自信が付き，また規則正しい生活を心掛けて，計画的に学習に取り組んだことが，すばらしい学習成果に結び付きました。この調子で，体調管理に気を付けて頑張ってください。

学習成績で好結果を修めた場合には，その背景を含めて丁寧に分析して評価し，今後の指導に生かすことが必要である。

生徒の様子
特定の教科で，学習成果の急激な向上がみられた生徒

[所見文例]

- ある教科で，その日の授業内容を短期間に復習する学習方法を身に付けたことから，学力のめざましい向上がみられました。この経験を生かして，ほかの教科でも教科の特性を生かした学習方法を工夫してみてください。
- これまで苦手意識から取組みが少なかった特定教科について，友達のアドバイスを受けて，繰り返し学習して基礎的・基本的内容を理解したことが，学習成果の向上につながりました。

学習方法を変えたことで，不得意と思っていた教科が得意となったということを評価しつつ，今後の学習の進め方について方向付けしたい。

学習成果 ▶ 学習成果が上がった／下がった

 生徒の様子
多くの教科で，学習成果の急激な下降がみられた生徒

[所見文例]

- いままで学習内容の理解度は高かったのですが，今学期は成績が急に下降してしまいました。健康上の不安や人間関係の悩みなど，学習以外にも気になることがあれば，先生やスクールカウンセラーに何でも相談してください。

- 前学期までは熱心に学習に取り組んでいましたが，進路の目標を変更したことで，学習意欲が薄れてしまったのかと心配しています。夢に向かって努力する姿勢を再び見せてくれるものと期待しています。

 POINT

成績の急激な下降の背景には，生徒を取り巻く人間関係や環境の変化，悩みなどが予想される。早期に面談するなどの対応が求められる。

 生徒の様子
特定の教科で，学習成果の急激な下降がみられた生徒

[所見文例]

- 多くの教科では安定した学習成果が出ていますが，特定教科の成績が急に下がったことについて，心配しています。学習を進める上で課題となることがあるなら，相談に乗り，早期に対応したいと思います。

- ほとんどの教科で良好な成績を修めていますが，特定教科の成績が芳しくなく，心配しています。定期テストの範囲が広く，前回の復習の内容も含まれていたことだけでなく，その他の原因があるのなら，相談に乗りたいと思います。

 POINT

特定の教科のみ成績が下降した原因については，特定の単元でつまずいたことが考えられる。相談や質問を促す必要がある。

> 学習全体

学習への取り組み方 ▶ 意欲・積極性

生徒の様子
探究心が旺盛でどの学習にも積極的に取り組む生徒

[所見文例]

- どの教科にも熱心に取り組む姿勢は，クラスの模範となっています。自主学習では，単に宿題や予習・復習だけでなく，自分で課題を見つけて，自ら追求していくといった，積極的な学習を進めることができました。

- 中学校に入って家庭学習の習慣が徐々に身に付いてきて，宿題だけでなくその日の復習や次の日の教科の予習まで，毎日欠かさずしっかりと取り組んでいました。これからも，更によい習慣が定着することを期待します。

POINT

生徒の意欲・積極性のみえる具体的な場面を示して称賛する。自ら取り組む姿勢によって，いろいろな面で成長していることに気付かせる。

生徒の様子
授業態度が前向きに変化してきた生徒

[所見文例]

- いつも前向きに授業に取り組むようになりました。授業で生まれた疑問は，その日のうちに解決しようと努めるようになりました。来学期以降，大きな成果が現れることでしょう。楽しみにしています。

- 今学期はノート作りに力を入れるようになりました。黒板に書かれた内容をただ写すだけでなく，図や表を入れるなど，自分なりの工夫を加えるようになりました。この調子で頑張り，学習方法を確立しましょう。

POINT

前向きに授業に取り組んでいる具体的な場面を取り上げ，評価したい。併せて，学習成果の向上に向けた努力を今後も継続できるよう励ます。

学習への取り組み方 ▶ 意欲・積極性

生徒の様子
不得意な教科にも意欲の出てきた生徒

[所見文例]

- 今学期は、これまで苦手教科であった数学や理科に対して、以前とは見違えるほど授業に意欲的に取り組んでいました。やればできます。このひたむきさを大切にし、気を抜かず、更に努力を重ねてください。

- １学期後半から続けてきた英語ドリルの取組みの成果が現れてきています。英語に対してもっていた苦手意識が少しずつ和らぎ、自分なりの学習方法が身に付いてきたようです。これからも継続してください。

 POINT

苦手な教科・不得意な教科をそのままにせず、改善しようとする姿勢や改善したことを評価・称賛し、自信をもたせる。

生徒の様子
授業中、活発に発言・発表ができる生徒

[所見文例]

- 予習や復習の習慣が身に付いてきたことが、自信につながってきました。その結果、授業中も進んで発表や発言ができるようになりました。学力が徐々に向上しています。この調子で更に努力を続けてください。

- 自分の意見に他者の考えを交えながら発表する姿勢が、とてもよかったです。意見も新鮮で偏りがなく、課題に対しても解決に向けて多面的に見る態度が身に付いてきています。今後も広く学ぶ姿勢を継続してください。

 POINT

生徒が積極的に取り組んだり級友へ支援をしたりしている具体的な場面を示し、高い評価を受ける発言は何かを確認させ自信へつなげる。

学習全体

学習への取り組み方 ▶ 意欲・積極性

生徒の様子
好奇心や探究心に欠ける生徒

[所見文例]

- 実験や観察に真面目に参加し，記録のノートも丁寧によく整理していました。今後は，先生の指示や友達の考えを鵜呑みにするだけではなく，自ら課題や疑問をもって実験や観察に臨めば，更に学力が向上するでしょう。
- 好奇心や探究心を引き出し，主体的に学習を進めることで，広い視野からものごとをみることができるようになります。わからないこと，わくわくすることが学習を進める原動力となるので，その気持ちを大切にしましょう。

POINT
受け身で授業を受けていることに気付かせ，自ら積極的に学習に臨む習慣を身に付けさせる。生徒の意欲をかき立て学習そのものの楽しさを気付かせる。

生徒の様子
学習意欲が乏しく授業に意欲的に参加していない生徒

[所見文例]

- 基礎的な学習内容は理解しています。授業中，学習内容がむずかしくなるにつれて，ときどき途中で投げ出してしまうことがありました。わからない部分は先生や友達に質問をしながら，授業や家庭学習に取り組んでいくと，理解が進んでいきます。
- 体育の授業は熱心に参加していました。座学については，授業に集中できないことがあり心配です。将来やりたいことを考え，それに向けて興味のあることを増やしながら，授業に取り組んでいきましょう。

POINT
授業に意欲的に参加できない理由がどこにあるかを把握し，学習意欲を高められるように実態をしっかりとらえた助言を行う。

学習への取り組み方 ▶ 意欲・積極性

[生徒の様子]
やればできるのに努力していない生徒

[所見文例]

- 理解力は十分にあります。ただ，反復練習が不足しているため，学力が上がらなくなってきました。やがて授業の中身も高度なものになっていきます。理解したものを定着させるために，予習・復習の習慣を身に付けましょう。
- 成績はよいのですが，現状に満足してしまっているようでした。理解力に優れているので家庭学習を着実にむらなく行えば，安定した力を出すことができます。目標を明確にすることで，学習意欲も向上すると思います。

 POINT

実力があることは評価しつつ，やればできると思っていることが落とし穴であり，成績が落ちてしまう可能性もあることを気付かせたい。

[生徒の様子]
積極的だが理解ができていないままに発言をする生徒

[所見文例]

- いろいろな場面で，元気よく行動していました。これからは授業中に友達の意見を聞き，よく考えてから発言・行動すると，より理解が深まるでしょう。能力や積極性を生かし，着実に前進してください。
- 積極的に発言することはとてもよいことです。質問された内容を十分に確認して，一度整理して自分の意見をもって発言するよう心掛けると，更に学習成果が期待できます。

 POINT

意欲的に発言する姿勢を肯定的に評価した上で，落ち着いて考え，整理して発言するよう注意を与えたい。

学習全体

学習への取り組み方 ▶ 集中力・根気強さ

 生徒の様子
いつも集中して学習に取り組む生徒

[所見文例]

- 安定した学習成果を残しました。毎日の授業の集中と予習・復習の賜です。この取組みを続けながら、自分の興味の幅を広げると、更に成績の向上が見込めます。
- いつも集中して授業に取り組んでいました。授業で生まれる疑問点はメモしておき、授業後に先生に聞きに来ていました。これからもその努力を続けることで、より大きな成果が現れることが期待できます。

 POINT

集中して取り組む姿勢について高く評価するとともに、真面目に授業に正対することの大切さを再度確認し、更に学力を伸ばしていきたい。

 生徒の様子
困難な課題にも粘り強く取り組む生徒

[所見文例]

- 理解のむずかしい学習課題を粘り強く進めるという姿勢が見られ、大変好感がもてます。こうした姿勢を忘れることなく、いろいろな教科に興味をもって根気強く広く深く学習してくれることを期待します。
- 高難易度の問題にぶつかっても解答解説を読み込んだり先生に質問したり、一つ一つきちんと解決していました。あきらめることなく、努力する姿に強い意志を感じます。今後も、その姿勢を大切にして頑張ってください。

 POINT

困難とわかってもひたむきに挑戦する態度や、安易にあきらめることなく、何としても結果を出そうとする意志の強さと、その結果を適正に評価する。

学習への取り組み方 ▶ 集中力・根気強さ

生徒の様子
よそ見や私語が多く学習に集中できない生徒

[所見文例]

- 理解する力は十分あります。授業中の私語により，落ち着いて学習に臨めないときがありましたので，集中し根気強く取り組む姿勢，意識を大切にすれば，実力を発揮でき必ず成績はアップします。頑張りましょう。
- 基礎的な理解も，知識も身に付いています。しかし，授業に集中できていないことがありました。これからは，予習をしっかりして，自分なりに疑問点は整理して授業に臨み，課題やめあてをもつと，集中しやすくなるでしょう。

 POINT

日常の学習状況で集中できていない部分を具体的に示し指摘する。その上で，改善の手立てを提示する。

生徒の様子
学習内容がむずかしいと，すぐ投げ出してしまう生徒

[所見文例]

- 基本問題には熱心に取り組んでいました。むずかしい問題・課題に直面したときも，そのままにしておかずに，コツコツと粘り強く，積極的に課題の解決に向けて取り組んでください。
- 学年当初から意欲的に取り組んでいました。学習内容がむずかしくなるにつれて，途中であきらめてしまっている様子がみられました。むずかしい箇所は先生や友達に質問するなど，理解するという強い気持ちをもって臨んでください。

 POINT

理解できている部分を認めつつ，むずかしい課題を解けないのは忍耐力や根気の欠如が問題であることを教師は理解し，生徒に無力感が生まれないよう配慮する。

学習全体

学習への取り組み方 ▶ 集中力・根気強さ

 生徒の様子 授業で集中力が長続きしない生徒

[所見文例]

- 理解力はありますが，先生の話を聞き漏らしていることが多く，理解力を十分に発揮できなかったようでした。授業の予習をして聞くポイントを押さえるなど，効率のよい学習を進めましょう。
- 授業の最初は集中していてとてもよいのですが，やがて飽きて私語が増えることが多かったです。周りのクラスメイトも集中できるよう，板書だけでなく先生の話もメモを取り，授業の内容を確認する習慣を身に付けましょう。

 POINT

意識が散漫となり，授業から注意が逸れる生徒には，集中できるようにする具体的な助言をしたい。私語や遊びに発展し周りに迷惑をかける生徒には，注意を促したい。

 生徒の様子 苦手な学習内容をじっくり考えることができない生徒

[所見文例]

- 内容に興味がある授業は集中して聞いていましたが，興味がもてない授業では，体を動かしてしまうことが多いようでした。学習の楽しさを見つけ苦手意識を減らし，前向きに進んでください。
- グループ学習に積極的に取り組めていました。今後は，先生の説明にも集中できるように意識してみましょう。関心のもてる内容を増やしていけば，きっと集中力も高まると思います。忍耐強く，できることから始めましょう。

 POINT

学習内容への興味・関心の低さが集中力と根気強さの低下を招いている生徒には，授業への好奇心・意欲をかき立て，苦手意識を払拭させたい。

学習への取り組み方 ▶ 自主性・主体性・計画性

生徒の様子
家庭学習や計画的な学習をきちんと進められる生徒

[所見文例]

- 日頃から家庭学習の習慣が身に付いており、毎日コツコツと努力を重ねた結果、どの教科も安定した成績を出すことができるようになりました。この結果を自信につなげ、引き続き頑張ってください。
- 計画した学習に着実に取り組むということを、年間を通して実行できました。こうした計画性や実行力は、生涯にわたって大きな財産になっていくことでしょう。来年度も目標を高くもち、全力で進んでください。

 POINT
自分で決めたことを最後までやり通す、実践力や行動力を高く評価し、この姿勢を継続するよう励ます。

生徒の様子
部活動と勉強を両立させることができる生徒

[所見文例]

- 部活動で日が暮れるまでグラウンドで汗を流した日であっても、毎日机に向かって家庭学習を積み重ねた姿は見事です。時間を大切にし、粘り強く学習に取り組む姿勢を今後も大切にしてください。
- 進路の目標が決まり、部活動と勉強を両立させようと努力している姿が印象的でした。家庭学習も効率よく進められています。このリズムを崩さず、すきま時間を活用するなど、積極的に取り組んでください。

 POINT
文武両道を目指す意識をもち努力していることを高く評価する。両立するまでに時間のかかる生徒には、自力で解決し乗り越えられるよう助言したい。

`学習全体`

学習への取り組み方 ▶ 自主性・主体性・計画性

生徒の様子
見通しをもって計画的に学習に取り組める生徒

[所見文例]

✎ 教科の好き嫌いがなく，どの教科にも自主的に取り組んでおり能力も高いものをもっています。見通しをもって計画的に学習するようになり，今学期は成績も向上しました。引き続き頑張ってほしいと思います。

✎ いつまでに何をやると決める学習方法をさまざまな教科に応用することで，成績を向上させることができたようです。自分なりの学習方法がわかり勉強が楽しくなってきたようで，これから学力の向上に期待がもてます。

POINT
学ぶことに興味関心をもち，毎時間計画的に見通しをもった学習を進めることができていることを評価する。

生徒の様子
主体的に自分の考えをもち学習する生徒

[所見文例]

✎ 何をするにも自分の考えをしっかりもち，的確な判断ができました。今後は，友達の意見もどんどん取り入れ，広い視野をもって話合いが進められるようになると，更に向上することができます。頑張ってください。

✎ 自分の考えを率直に友達に示して，課題解決にはいつも違った視点から考えようと工夫している態度は立派でした。話合いの場でも主体的に取り組むことで，リーダーとして集団をまとめてください。

POINT
主体的な学習姿勢で級友を引っ張っていけることを高く評価する。他者の意見を聞くことのできない生徒には，視野の広さと柔軟性のある考え方を身に付けさせたい。

学習への取り組み方 ▶ 自主性・主体性・計画性

 [生徒の様子] 計画的な学習が級友によい影響を与えている生徒

[所見文例]

- 目標を立てて毎日の計画を実行しているのは，とてもよいことです。進んで取り組む姿勢と意欲のある真面目な学習態度はクラスの模範です。今後も継続して，確実なものにしてください。

- ノートの整理や家庭学習を工夫して，自分に合った学習の取組みができており，友達もそれに倣うようになりました。学力も徐々に付いてきて成績も伸びてきていますので，これからもこの学習方法を続けてください。

 POINT

学習に向かう姿勢がとても良好であると称賛して，自信をもたせる。周囲によい影響を与えていることを伝え，より高い学習成果を目指すよう促す。

 [生徒の様子] 課題には取り組むが自分の判断や決定ができない生徒

[所見文例]

- 熱心に課題に取り組む姿勢は立派でした。他者と違った答えでも，自分が一生懸命発表した意見は自信をもっていいものです。間違いを恐れず，どんどんチャレンジしてください。今後もこの頑張りを継続してください。

- どの教科も十分に成果を発揮していました。ただ，目標を高く設定しているせいか，自信をもてないでいるようです。学習に向かう姿勢や学習方法に間違いはありません。自信をもってこの調子で進めてほしいと思います。

 POINT

活動できている部分を見つけ，積極的に評価して自信をもたせる。真面目で思考が柔軟でない生徒には，具体的な改善点についてアドバイスを与えたい。

学習全体

学習への取り組み方 ▶ 自主性・主体性・計画性

生徒の様子
計画の立て方や学習の仕方がわからず伸び悩む生徒

[所見文例]

- 意欲があるので、学習を計画的に行うと成績に結び付くでしょう。身に付くまで反復練習したり、学習内容をまとめたり、応用したりしてください。力は十分あります。頑張ってください。
- 各教科とも努力をしようとしていました。どのように学習を進めたらよいのか、十分につかめなかったようなので、授業のプリントやワークシートを最後までやり切るなど、学習に対する根気強さを身に付けてください。

POINT
計画を立てられるように、いま学習のどこが不十分で何が必要なのか、できるだけ具体的に示し、自分から改善が図れるような声かけや所見にする。

生徒の様子
予習や復習をほとんどしない生徒

[所見文例]

- 授業を熱心に聞いていました。予習・復習が足りていない部分があったようなので、教科書やノートの該当する箇所を読み返すだけでも、授業の内容の復習になると思います。自主的な学習習慣を身に付けてください。
- テスト前はよく勉強しているようです。基礎的な勉強により取り組み、ふだんから予習をして授業に臨んだり、参考書を使って復習に力を入れたりすると基礎が固まり、成績が向上します。「継続は力なり」です。

POINT
予習や復習が基礎学力の定着に必要不可欠であることを理解させたい。保護者と連携のもと学習習慣の確立に努め、成果を本人が自覚できるように促したい。

学習への取り組み方 ▶ 自主性・主体性・計画性

 生徒の様子
成績は気にするが自分から学習しようとしない生徒

[所見文例]

- 試験は学習の最後の確認です。試験の結果だけを気にするのではなく，よい結果を出すためには毎日の勉強をしっかりすることが基本となります。時間をかけただけ，必ずその成果は出ます。復習をしっかりしましょう。
- 誰でも自分の成績は気になります。しかし，日々の学習を続けなければ，よい成績は期待できません。学習計画を確実に実行すれば，成績は必ず向上します。「頑張ろう」という意志をもちましょう。

 POINT

テスト結果は気にするが，日々の学習が疎かな生徒には，すぐに結果に現れなくとも，日々の積み重ねが大切であることに気付かせたい。

 生徒の様子
宿題などの忘れ物の多い生徒

[所見文例]

- 授業に真面目に取り組んでいました。宿題を持って来るのを忘れることが多かったので，メモを取り，確認する習慣を付けましょう。特に宿題は家庭学習の足跡です。早くよい習慣を身に付け，忘れ物をなくしましょう。
- 学期のはじめには宿題を毎回提出していましたが，徐々に提出が減ってきました。宿題を忘れないよう，基礎的な家庭学習の習慣をしっかり身に付けてほしいです。内容がむずかしい場合は質問に来てください。

 POINT

宿題などを忘れる生徒には，家庭と連携・協力のもと基本的な学習習慣の確立を目指し，自分一人で学習用具や提出物の管理ができるようにしたい。

学習全体

学習への取り組み方 ▶ 創意工夫

生徒の様子 　自分の考えをもち，授業中も工夫して学習する生徒

[所見文例]

- 授業中の話合い活動では，論点を整理して自分の考えを発言できました。さまざまな知識が結び付けられて定着しているようです。今後も自分の考えをもち，授業に取り組む姿勢を大切にしてください。
- 授業ノートを見ると，板書だけでなくクラスメイトの意見なども整理し，毎時間の振り返りも自分の言葉でしっかりと書かれていました。学び方の工夫が期末テストのよい結果につながったのだと思います。

 POINT

授業において自ら考え，工夫して表現していることを評価し，それが知識・技能とともに，生涯にわたって学びに向かう能力につながっていくことを自覚させる。

生徒の様子 　家庭学習の方法を工夫し，成果がみられる生徒

[所見文例]

- 前時の振り返り学習で，家庭学習で調べたことを発表する姿が印象的でした。中間・期末テストの記述式問題で内容の正確な理解に基づいた記載ができていたのは，授業の振り返りと家庭学習の成果です。
- 授業ノートを見ると，授業の振り返り欄に家庭学習の目標と内容が毎時間ごとに記入されていました。授業と家庭学習のサイクルが定着したことで，授業に臨む姿勢が前向きになり，理解度も高まっています。

 POINT

授業やテストを振り返り，目標を設定して家庭学習を行うことが，成果につながっていることに気付かせ，活動を振り返り，改善に取り組む姿勢の定着を促す。

学習への取り組み方 ▶ 創意工夫

生徒の様子
着眼点がよく，課題解決的な学習が得意な生徒

[所見文例]

- グループで取り組む学習課題に対し，本質的な疑問をグループ内で提示することで，グループ内の議論が中身の濃いものになっていました。これからもその鋭い視点を大切に学んでいってほしいと思います。
- 理科のレポート作成において，数学や国語の授業で学んだことが生かされていたのがすばらしかったです。今後も教科を越えて，学んだ知識を生かしながら，生きた知識や技能を増やしてほしいと思います。

POINT
学習する上で，各教科等の特有の視点で考えたり，教科等を越えて横断的に考えたりすることが，本質的な理解につながっていくことを自覚させる。

生徒の様子
学習態度はよいが学習方法に工夫のない生徒

[所見文例]

- 授業では集中して話を聞き，丁寧にノートにまとめていました。学習内容を生きた知識としてより定着させるには，ノートに自分の言葉で理解したことをまとめたり，疑問点をメモし，家庭で調べたりするとよいと思います。
- レポート作成では期日を守り，丁寧な字と図表でまとめることができました。今後は，大切なところを強調したり，説明の順序を工夫したりすることで，自分の考えをより明確にし，説得力を高めていきましょう。

POINT
授業や課題に真摯に取り組む姿勢を評価した上で，生きた学習として成果を上げるには，自分で考え，工夫して表現することが大切であると伝える。

学習全体

学習への取り組み方 ▶ 創意工夫

 生徒の様子
家庭学習に真面目に取り組むが成果がみられない生徒

[所見文例]

- 1学期間1日も欠かさず家庭学習ノートに取り組むことができました。今後は授業ノートやテストの解答を振り返り，復習する箇所を自分で考えて学習することで効率が上がり，成果につながっていくと思います。
- 授業に真剣に取り組み，家庭学習の習慣も定着していました。これからは，漢字練習と英単語練習に加え，単元テストでの課題を分析し，定着していなかった内容に絞って取り組むとよいでしょう。

 POINT

継続して取り組む姿勢を評価した上で，家庭学習と授業やテストを関連付けた効率的な学習をするなどの工夫が成果につながることを伝える。

 生徒の様子
同じ課題に対し同じ間違いを繰り返す生徒

[所見文例]

- 授業で積極的に発言する姿が印象的でした。ただ授業でもテストでも同じところで間違う傾向がみられます。発問の内容を正確に押さえられるよう，授業ではメモをしたり，テストでは線を引いたりすると間違いを減らすことができます。
- 授業では集中して取り組むことができました。ただ，単元テストや中間・期末テストで同じ問題を間違っていました。あやふやな知識にせず，生きた知識とするには，家庭で繰り返し復習する必要があります。

 POINT

間違いを繰り返す要因を分析し，その要因を踏まえて具体的な改善方法を伝えることで，生徒の行動の変容を促す。

学習への取り組み方 ▶ 協調性

生徒の様子
学習のルールを守り，教師の指示を素直に聞く生徒

[所見文例]

- 家庭学習の方法について教科担任に質問し，助言に従い実践していました。その姿を見て，友達は家庭学習を意識するようになりました。これからは，効果的だったものは友達にも紹介するなど，自分で考えて学習に取り組んでみると，学習成果がより上がると思います。

- 授業に集中して話を聞き，教師の板書をノートに丁寧にまとめていました。来学期は疑問に思ったことを質問したり，自分の言葉で発言したりすることで，より中身の濃い学習になると思います。

POINT

学校のルールや教師の指示を守って学習できていることを認めつつ，生徒の行動が友達や学級によい影響を与えていることを伝えたり，主体的な学習を促したりする。

生徒の様子
ペア学習やグループ学習に協力的な生徒

[所見文例]

- グループ学習では進んで司会役を務め，班員の意見を上手に引き出していました。今後は班員の意見に対し，対立する意見を提示するなどして，より理解を深め，根拠の検討までできるよう取り組んでみると，更によいと思います。

- ペア学習では相手の話をよく聞き，協力して発表する姿が印象的でした。今後は，聞いたことに対する自分の意見を述べる習慣を付け，互いに学びをより深めていくことが望まれます。

POINT

対話的に学べていた場面や姿勢を評価し，更に質の高い学びとなるよう，実態に合わせた具体的な助言を加え，対話的学びへの意欲を継続するよう促す。

学習全体

学習への取り組み方 ▶ 協調性

生徒の様子
授業場面で集団の向上に寄与しようとする生徒

[所見文例]

✎ 話合いの場面では、クラスメイトの意見を踏まえて自分の意見を述べていました。自身の思考を深めながら、深い話合いができる学習集団づくりにも大いに貢献する姿は立派でした。

✎ 教科担任の説明へ質問するだけでなく、クラスメイトの発言にも同意・反対・補足の反応を進んで示していました。徐々にクラスメイトも影響を受け、前向きな授業態度になってきています。自他ともに成長を促すすばらしい姿です。

POINT

生徒が将来にわたって学び合いを続けていく態度を形成できるよう意識し、授業場面における望ましい具体的な姿を評価し、励ましたい。

生徒の様子
話合い活動で調整役を買って出る生徒

[所見文例]

✎ 話合い活動では、グループでも学級全体でも進んで司会役を務め、さまざまな意見を整理してまとめていました。振り返りの場面では、自分の考えを挙手してクラスメイトに伝えるなど、学びの姿に成長がみられました。

✎ 話合いでは司会役を務め、クラスメイトの意見をよく聞き、共通点・相違点に注意し、意見を整理する力が身に付いてきました。今後は、振り返りに他者の意見を踏まえて自分はどう考えたかを書くようにしてみましょう。

POINT

話合い活動で調整役になっている生徒は、主体的・対話的で深い学びに近付いている点を評価する。その上で自分の考えを深められているかどうかも併せて助言する。

学習への取り組み方 ▶ 協調性

生徒の様子
グループ学習に溶け込めない生徒

[所見文例]

✎ 授業では話をよく聞き，ノートに正確にまとめることができました。グループ学習ではそれを生かし，今後は記録する役割もよいでしょう。記録をクラスメイトと共有することは，意見の広がりと深まりにつながります。

✎ 振り返りの記録を見ると，授業の中で考えたこと，疑問に思ったことを整理して書くことができました。グループ学習でも考えたこと，疑問に思ったことを1日1回でも伝えることができるよう期待しています。

 POINT

グループ学習に苦手意識をもつ生徒には，グループで生徒が担える役割を伝えたり，小さな目標を示したりして，参加意識をもたせ，学習のよさを実感させたい。

生徒の様子
授業中も自分勝手な行動が見られる生徒

[所見文例]

✎ 授業中，さまざまなものに興味を示し，進んで関わろうとする姿が見られます。理科の授業では教師やクラスメイトの意見を聞いた上で，実験に取り組むと成功する確率が高まり，気付くことも多く，更に充実した学習になると思います。

✎ 授業中，クラスメイトに積極的に関わろうとする姿が見られます。今後は話題が逸れないように，話す際ノートにポイントをメモしておいたり，クラスメイトの意見を聞き終えてから話したり，工夫するとよいと思います。

 POINT

自分勝手な行動の自覚の有無など，行動の要因は何なのかを整理し，できている点を評価した上で，改善すべきポイントを伝える。

学習全体

学習への取り組み方 ▶ 考え方や情緒面での課題

生徒の様子
自分の考えに固執しほかの意見を受け入れない生徒

[所見文例]

- 話合い活動では進んで自分の考えを発表することができました。本質に迫る発言がある反面，最初の発言に縛られる様子も見られます。今後は，考えをより深めるために友達の意見も参考にするとよいでしょう。
- 読書から得たさまざまな知識をもっています。社会の授業では友達の調べた情報を受けて，新たな解釈を述べることができました。今後とも他者の意見を踏まえて自分の意見を深めていけるよう心掛けてみてください。

POINT

自分の考えにこだわりをもっていることを評価した上で，他者の意見にも耳を傾けながら自分の考えを深めていくように働きかける。

生徒の様子
自信がもてず意見を発表できない生徒

[所見文例]

- 単元のまとめでは根拠と意見を整理し，友達の意見を手掛かりに自分の考えを深めることができました。来学期のグループ学習では，友達の意見から気付いた自分の考えを伝えてみましょう。
- 国語の課題作文では，資料を深く読み取り，論理的に自分の意見を書くことができました。話合い活動においても，友達の意見に耳を傾けて気付いたことを1日1回発言することに取り組んでほしいと思います。

POINT

生徒がもつ意見のよさを評価し，自分の意見に自信をもたせることが大切である。生徒のさまざまな表現からよさを取り上げ，発表しようとする意欲をもたせたい。

学習への取り組み方 ▶ 考え方や情緒面での課題

[生徒の様子]
授業中の態度にむらがある生徒

[所見文例]

🖋 理科の実験では予想を立てる段階から積極的に発言するなど，実験班の中心でした。今後は，不得意な教科でも集中し，必要な力を身に付けていけるよう，各教科の学び方について一緒に考えていきましょう。

🖋 学習意欲があります。2学期は日により授業への取組みに違いがありましたので，3学期はこれまでの学習を振り返り，次の学年に向けた目標をもてるよう支援していきたいと思います。

興味関心に偏りがある生徒なのか，家庭環境などにより情緒面に課題がある生徒なのか，その背景を踏まえて，生徒に寄り添いながら助言していく。

[生徒の様子]
学習や成績に関して見通しが甘い生徒

[所見文例]

🖋 定期テストの結果を見ると，理科や社会の成績は良好ですが，積み重ねが大切な数学・英語の達成度が下がりました。中学校生活も残り半分です。進路に向け，学校でも家庭でも目標を立てて学習するとよいでしょう。

🖋 2学期の目標を立てることはできていましたが，学習のリズムがつかめなかったようです。予習・復習の時間の確保のため，1日の学習時間といった短期的な目標を生活ノートに記入してみましょう。ご家庭でもご確認ください。

やればできるという考え方で課題を先送りしている生徒に対しては，現状を認識させ，目標をもたせることが大切である。保護者との共通認識づくりが重要である。

学習全体

学習への取り組み方 ▶ 考え方や情緒面での課題

生徒の様子
他者の失敗を笑ったりからかったりする生徒

[所見文例]

- 授業中，話をよく聞きクラスメイトの発言にも反応していますが，ときにクラスメイトを傷付ける態度になることが見受けられました。今後，学びを深めていくために，相手を尊重し，対話を通して互いの意見を伝え合ってほしいと思います。
- グループ学習で自分の意見をはっきり述べることができました。ただ班員の態度を笑ってしまい，話合いが深まらない様子がみられます。今後は相手の考えを引き出せる聞き上手にもなれるよう意識してください。

POINT

他者を貶めるような態度の背景として，自分に自信がない，周囲に認められていないとの思いがあることなどを踏まえ，存在の承認の上に助言することが求められる。

生徒の様子
周囲の指摘に対し，すぐにカッとなってしまう生徒

[所見文例]

- 社会の授業では積極的に発言し，豊富な知識をクラスメイトに紹介していました。ときにクラスメイトの意見に対して感情的になる場面がありました。クラスメイトが指摘したことについては，教科担任が整理して本人に伝えていくようにします。
- グループ学習では課題に対し積極的に取り組んでいましたが，ときどきクラスメイトの指摘にカッとなる場面が見られます。より深い学びとするため，さまざまな考えを一度聞いた上で，グループで確認できるとよいと思います。

POINT

生徒がカッとしてしまう要因が思い込みによるものなのか，周囲の言い方によるものなのかを整理した上で，生徒の特性に沿った助言を意識したい。

学習への取り組み方 ▶ 考え方や情緒面での課題

生徒の様子
学習や進路についてあきらめてしまっている生徒

[所見文例]

✎ 各教科とも1年生までの基本的な知識は習得していますが、今学期になり授業に取り組む意欲が減退しているようでした。授業では話合いを重視し、課題に対する自分の意見が書けるようにしましょう。

✎ 国語、数学、理科は習得すべき内容が定着していました。進路を考えると、社会科の歴史的分野と英語科の英文読解が課題でしたが、両教科とも学習計画を立てることができました。冬季休業中に目標を達成してほしいです。

 POINT

不安をあきらめの態度でごまかす生徒がいる。現状の正しい認識と実現できそうな短期目標の設定により、一歩でも踏み出せるよう助言したい。

生徒の様子
わからないことについて、すぐに頭を抱えてしまう生徒

[所見文例]

✎ 数学の計算問題には継続して取り組むことができましたが、むずかしい文章題には、固まってしまう傾向がみられました。わからなかったら次の問題に取り組み、後で解説を確認する習慣を身に付けるとよいと思います。

✎ どの授業にも真剣に取り組み、基礎的な内容の理解ができていました。ときに問題演習でむずかしい問題が出ると、頭を抱えてしまう傾向がありましたが、問題の多くはできています。自信をもって取り組んでください。

 POINT

なにごとに対しても見通しをもてないと不安になってしまう生徒や、自尊感情が低く前向きに取り組めない生徒に対しては、その特性に沿って助言を行うことが必要である。

学習全体

観点別にみた学力の特徴 ▶ 知識・技能

生徒の様子
基本的な知識・技能が身に付いている生徒

[所見文例]

✏ 基礎的・基本的な知識や技能がしっかりと身に付いています。それらは，授業や家庭学習などを通して獲得した努力の賜物です。更に学力を伸ばすために，今後は，身に付けた知識・技能を日常生活にも生かしていくことを心掛けましょう。

✏ 授業やテストなどを通じて，学習内容を正確に理解している様子が見受けられます。知識や技能は，活用・応用することで本物の力になります。学んだことを応用してみるように意識して，よりいっそう，学習活動に積極的に取り組みましょう。

POINT
学習の基礎・基本となる知識・技能を習得していることを評価するとともに，身に付けた知識・技能を生活や新しい学習に活用・応用することを心掛けるよう助言する。

生徒の様子
学習習慣が確立せず，基礎的な知識が不足している生徒

[所見文例]

✏ 授業に前向きに取り組んでいる○さんです。理解力がありますから，基礎的な知識を増やしていくことで，更なる学力向上が期待できます。今後は，得た知識を定着させることが大切です。短時間でも毎日復習する時間をつくりましょう。

✏ 学習の基礎となる知識の定着に課題があるようです。なにごとも努力なくして身に付くことはありません。最初から苦手意識をもつのではなく，コツコツと取り組んでいくことで可能性が広がります。まずは授業に集中することから始めましょう。

POINT
基礎的な知識が不足していることの指摘は端的に行い，やる気を損なわないようにする。その上で，できている部分を認め励まし，具体的な助言を与える。

観点別にみた学力の特徴 ▶ 知識・技能

 生徒の様子
自分の関心のある分野に偏った知識を有する生徒

[所見文例]

 POINT

- ○○（本人の得意分野）についての知識が豊富です。これまで継続して学習してきた成果だと思われます。今後は，興味・関心の幅を広げていくことも重要です。自分の得意分野に近いところから始めて，学習の範囲を広げていきましょう。
- 授業内外において知識が豊富であると感心させられる場面があります。この調子で興味の範囲をさらに広げていきましょう。知識は別の知識と関連させることで，より理解を深めたり定着したりするものです。積極的に取り組みましょう。

関心のある分野の知識を広げていることは認め励ましたい。その上で，さまざまなことを知ることで，ものの見方や考え方を広げることができることにも気付かせる。

 生徒の様子
暗記的理解に優れるが概念的理解に課題がある生徒

[所見文例]

 POINT

- 新たな知識を得ることに大変意欲的です。今後は，獲得した知識を自分のものにしていくことも大切です。ただ言葉や単語を覚えるだけでなく，しっかりと意味について考え，理解し，日常生活に役立てていくことを心掛けましょう。
- 各教科の知識をよく身に付けています。知識は他の場面で生かせてこそ身に付いていると言えます。これからは学習のレベルを一つ上げて，ただ暗記するのではなく，意味を理解すること，使いながら習得していくことを習慣にしましょう。

ペーパーテストで一定程度の点数を取っていることを評価するとともに，概念的な理解を深めたり，知識を活用したりすることが大切であることに気付かせる。

「学習全体」

観点別にみた学力の特徴 ▶ 知識・技能

生徒の様子 ペーパーテスト対策に学習の重きを置く生徒

[所見文例]

✎ テストではよい成績を上げていますが,授業では知識や技能の定着に課題がみられる場面があります。テスト対策だけでは学習が不十分になりがちです。日常の中で使えるさまざまな知識を身に付けることを目指して,勉強法を見直してみましょう。

✎ ペーパーテストでは学習の成果を発揮しています。今後は,テストの結果に一喜一憂することなく,身に付けた知識・技能をどれだけ授業や日常生活に生かせているかの振り返りにも意識的に取り組みましょう。

学習評価については,ペーパーテストの結果にとどまらず,授業中の知識や技能を用いる場面での評価とのバランスをとって行うことを明確に伝える。

生徒の様子 技能面に優れるが知識面に課題がある生徒

[所見文例]

✎ 実技教科においてめざましい活躍がみられます。今後は,実技教科の学習で発揮できている集中力や粘り強さを,ほかの教科でも発揮することに取り組みましょう。幅広い知識や技能を身に付けることが,必ず今後の成長につながります。

✎ 学校行事や実技教科に意欲的に参加しています。座学が中心の教科にも同様に取り組めると,更なる成長が期待できます。自分の課題を明らかにして,一つ一つ解決していくことが大切です。基礎・基本からしっかり見直していきましょう。

中学校で学習する内容はすべて,今後社会を生きる上で基礎・基本となるものであり,えり好みせずに身に付けておくべきものであるということを助言する。

観点別にみた学力の特徴 ▶ 思考・判断・表現

[生徒の様子] 学習課題を自ら見出すことをしない生徒

[所見文例]

- 授業では、与えられた課題に対して意欲的に取り組んでいます。○さんには、さらに、自ら課題を見出し解決していく力を伸ばしていってほしいと思います。日常生活での小さな発見や疑問など、気になったことを調べることを習慣にしましょう。
- 課題に取組む姿勢がすばらしいです。更に学びを深めるためには、自ら課題を設定して解決していくことが重要です。よい学習は、疑問や問いを見出すところから始まります。日頃から「なぜ？」「どうして？」と問うことを意識しましょう。

POINT

与えられた課題に取り組むだけでなく、自ら学習課題を見出し解決していくことが重要であることを伝え、疑問や問いをもつことを習慣化するよう助言する。

[生徒の様子] ものごとを深く考えずすぐに結論を出そうとする生徒

[所見文例]

- 作業を手早く終わらせることができるのは○さんの長所です。今後は丁寧さや正確さが求められる場面も増えます。早く終わらせることに意識を向けるばかりでなく、課題と正対し、本質をとらえて結論を出すことにも挑戦していきましょう。
- 課題に意欲をもって取り組んでいますが、十分な検討や見直しがされていない様子が見受けられます。ミスを減らすことで学習の成果は高まります。今後は、課題に取り組む際に、多少時間はかかっても質的な向上を目指しましょう。

POINT

ものごとの表面だけをとらえ、すぐに結論付けようとするのではなく、ほかとの比較や関係性などを考えた上で、結論を出すことが大切であることを助言する。

学習全体

観点別にみた学力の特徴 ▶ 思考・判断・表現

 生徒の様子 自分の考えを形成し，適切に表現できる生徒

[所見文例]

◆ 授業では課題に対してしっかりと自分の考えを形成し，表現することができています。グループ活動の際は，積極的にグループの中心となって，活発な活動ができるように周囲に働きかけましょう。より考えを深めることができるはずです。

◆ 自分の考えを積極的に発言しています。今後も，自分の考えを大切にしつつも，自分の考えに固執することなく，いろいろな人と考えを交流することを通じて，考えの幅を広げていくようにしましょう。よりよい学習につながるでしょう。

 POINT

学習課題に対して自分の考えを形成し，言語活動の中で適切に表現できていることを認めるとともに，より充実した学びにつながることを助言する。

 生徒の様子 グループでの話合いや発表などの学習活動が苦手な生徒

[所見文例]

◆ どんな課題に対しても，自分なりの意見をしっかりもっています。すばらしいことです。話合いや発表の場面では受け身の様子も見受けられますが，自分の意見を表現することは成長の第一歩ととらえ，挑戦していきましょう。

◆ 提出物や作品に，豊かな発想や鋭い視点での気付きなどがみられます。話合いや発表に苦手意識があるようですが，周囲の反応を気にし過ぎることなく，自信をもって学習活動に取り組みましょう。新しい気付きやアイデアが得られるはずです。

 POINT

グループでの話合いや発表を通じて，自分の意見や考えが変化したり，深化していったりすることができることを助言する。

観点別にみた学力の特徴 ▶ 思考・判断・表現

 生徒の様子
考えを表現することが苦手な生徒

[所見文例]

- どんな課題にも向き合い、しっかりと考えることができています。自分の考えを言葉にすることが上達するよう、少しずつ練習してみませんか。考えたことを一度紙に書き出し、整理するなど言葉で表現する工夫をしていきましょう。
- 課題に対して、自分で考え、結論まで導くことができます。今後は目標を一つ高くして、グループ交流を通した学習を充実させていきましょう。考えを整理したり理解を深めたりする中で、自分だけでは得がたい考えやアイデアに出合うはずです。

POINT
ものごとをじっくりと考えることができるが、考えたことなどをなかなか表現できない生徒には、考えを整理するための手段や方法などを助言する。

 生徒の様子
作品の制作や表現などに課題がみられる生徒

[所見文例]

- どの教科の授業にも意欲をもって取り組んでいます。未完成の作品を提出し、成績を下げてしまうことがありました。教科の成績は、多様な活動を通して評価しています。苦手な教科ほど、すべての活動を大切にしていきましょう。
- 授業中の学習態度はとてもよいです。作品の制作や提出物については改善が必要です。作品の制作や提出物では、一つ一つのことを丁寧に行い、授業で身に付けたことをしっかりと表現することが求められます。一つずつ改善していきましょう。

POINT
苦手意識などから作品が雑になってしまうことがある。各教科の成績は、それぞれの教科の特性に応じた多様な活動によって評価されることを助言し、努力を促す。

学習全体

観点別にみた学力の特徴 ▶ 主体的に学習に取り組む態度

生徒の様子
個人での学習を好みグループ活動に意欲的でない生徒

[所見文例]

POINT

🖉 学習に前向きに取り組んでいます。授業でのグループ活動は積極的に取り組むことで、自分の考えを深めることができます。社会に出てからも周囲と協働することは大切です。周囲と協働する中で、自分を高める練習を始めましょう。

🖉 学習に意欲的に励んでいます。○さんの更なる成長のために、いまよりもグループ活動を大切にしていきましょう。グループ活動は、自分で思い付かなかった考えや自分と異なる意見と出合うチャンスです。努力を期待しています。

学習すること自体に関心があることを認めた上で、グループ活動のよさや有用性を伝え、グループ活動に進んで参加したいと思えるように助言する。

生徒の様子
客観的に自身の活動を振り返ろうとしない生徒

[所見文例]

POINT

🖉 学習の基礎を押さえることができています。今後は、身に付けた知識や技能を、新しい学習に活用することで、学びを更に深めてほしいです。自分自身の学習をしっかりと振り返り、足りない部分は何かを明確にして改善しましょう。

🖉 授業に意欲的に参加しています。学びをより充実させるために、振り返りを大切にしてほしいと思います。授業での活動を通じて、何を身に付け、何ができるようになったのか、何が不十分なのか、まずは自分自身で把握することから始めましょう。

自己評価は高いものの、学習の目標に到達していない現状を伝え、自身の活動を客観的に振り返ることを、自ら進んでできるように助言する。

観点別にみた学力の特徴 ▶ 主体的に学習に取り組む態度

生徒の様子
教科や単元によって学習意欲に差がある生徒

[所見文例]

✎ 教科や単元によって成績や取り組み方に差がみられます。中学校の学習は，いずれも将来社会に出た際に土台となる力を培うものです。苦手意識もあるかと思いますが，苦手なものほど伸びしろがあるととらえて，苦手克服に挑戦していきましょう。

✎ 確かな成果を上げている教科があります。やればできることは実証されていますので，苦手意識のある教科についても，意欲をもって取り組んでいきましょう。○さんの場合，教科によるばらつきをなくすことで，大きな成長が期待できます。

 POINT

中学校での学びは，将来社会に出ていく上で土台となる基礎・基本を培うものであり，すべての課題にしっかりと取り組む必要があることを助言する。

生徒の様子
すぐにあきらめたり意欲を失ってしまったりする生徒

[所見文例]

✎ 活動に取り組む様子を見て，頼もしく感じることが増えてきました。現在の努力を継続することで，徐々に成果が出てくるはずです。ときには，すぐに成果が出ないこともあります。辛抱のときも，あきらめずに頑張りましょう。

✎ 学習への取り組み方が以前よりも前向きになっており，うれしく思います。努力はすぐに成果にならないこともありますから，成果を求めるよりも意欲を継続することが重要です。どんなことにも粘り強く取り組み，成果を積み重ねていきましょう。

 POINT

なにごともすぐに成果に結び付くというわけではなく，粘り強く取り組んでいくことで，徐々に成果が出てくることを助言する。

学習全体

観点別にみた学力の特徴 ▶ 主体的に学習に取り組む態度

生徒の様子
学習に対して前向きに取り組めない生徒

[所見文例]

 POINT

- わからないことがあっても，簡単には投げ出さないことが増えてきて，うれしく思います。わからないことをわかるようにするのが学習です。学習はわかると楽しくなります。この調子で，どんどんわかることを増やしていきましょう。
- 今学期も休むことなく授業に出席できました。学習への苦手意識があるようですが，得意なことを頑張るのは誰にでもできます。苦手なことにどれだけ挑戦できるかが人間としての幅を生み出すのだと思います。今後の頑張りに期待しています。

学習に対する意欲が低く，前向きに取り組めないことを責めるのではなく，学習への動機付けや生徒の有用感の向上につながるような助言をする。

生徒の様子
前向きに取り組んでいるが結果が出ない生徒

[所見文例]

 POINT

- 学習への取り組み方が向上し，頼もしく感じています。成果が見えるようになるには時間がかかることもありますが，努力は必ず実を結びます。この調子で，継続して頑張っていきましょう。○さんのますますの成長を期待しています。
- 授業に前向きな姿勢で取り組んでおり，うれしく思います。学力向上のためには，学習方法の点検も欠かせません。知識を詰め込むのではなく，理解して覚えていくことが大切です。授業で学んだことの復習を大切にしていきましょう。

学習に前向きに取り組んでいることを評価し，励ますとともに，今後の結果につながるような具体的な助言を与える。

学習習慣・家庭環境・その他 ▶ 学習スタイル

生徒の様子
グループ活動より個人活動を好む生徒

[所見文例]

🖋 基礎的・基本的な知識や技能が身に付いています。今後は，知識や技能をしっかりと定着させたり，いっそう理解を深めたりすることを，目標とするとよいでしょう。グループ活動に，より積極的に参加することが大切です。

🖋 自分の考えや意見をしっかりともっています。自分一人でじっくりと考えることも大切ですが，ほかの人の意見を聞き，発想を豊かにしていくことも，○さんのこれからの課題です。ほかの人の意見を聞くことで，自分の視点を増やしていきましょう。

 POINT

グループ活動は，学習内容の理解を深めたり，自分とは異なる考えに触れて新たな気付きを得たりする機会となることを伝える。

生徒の様子
暗記学習を好む生徒

[所見文例]

🖋 学習に前向きに取り組み，豊かな知識を身に付けています。せっかく努力して身に付けた知識ですので，授業での話合いや調べ学習などの学習活動に生かしていきましょう。個々の知識同士が結び付き，思わぬ発見があるかもしれません。

🖋 幅広いたくさんの知識をもっている○さんです。それらを，生かさなくてはもったいないです。社会に出てからも知識をいかに活用するかが問われます。自分のもっている知識を最大限発揮できるように日々の学習に取り組んでいきましょう。

 POINT

与えられた課題をこなすタイプの学習だけでなく，自ら課題を発見し，解決していくタイプの学習にも，進んで取り組んでいけるように助言する。

学習全体

学習習慣・家庭環境・その他 ▶ 学習スタイル

生徒の様子
学習活動に積極的だが周囲に同調しがちな生徒

[所見文例]

- 意欲的に学習し，知識や技能を確実に身に付けています。学習をより充実したものにするために，自分の意見や考えを積極的に発言しましょう。他者とのやりとりを通して得られる学びは，個人学習からは得がたいものです。

- 自分の意見や考えを主張することに苦手意識があるようです。間違うことや周りの反応は気になるものですが，積極的な発言はそれ自体に価値があります。○さんの学びとなり，みんなの学びにもつながります。自信をもって発言しましょう。

POINT

周囲に同調するだけでなく，自分の意見や考えを積極的に発言することで，学習をより充実させることができると気付けるような助言をする。

生徒の様子
学習活動に前向きだが基礎的な学習を好まない生徒

[所見文例]

- 授業に前向きな姿勢で取り組んでいて，うれしく思います。○さんの場合，各教科の基礎的な知識を豊かにしていくことで，更なる成長が期待できます。基礎があってこその応用です。基礎・基本を身に付ける努力をしましょう。

- グループ活動に積極的に参加しています。グループ活動では，前提となる知識を身に付けていると，学習が深まります。また物事を発展的に考えていく際には，必ず基礎・基本となる知識が必要です。基礎・基本となる知識を確実に身に付けましょう。

POINT

何を学ぶ際にも，基礎・基本となる知識の習得は欠かせないこと，それらをしっかりと身に付けていくことの大切さについて助言する。

学習習慣・家庭環境・その他 ▶ 学習スタイル

生徒の様子
作業スピードは速いがミスや粗雑さが目立つ生徒

[所見文例]

- 誰よりも速く問題を解いたり，作品を仕上げたりすることができます。今後は，しっかりと理解した上で問題が解けているか，ねらいに沿った作品になっているかということを常に振り返って活動するようにしましょう。
- どんな作業においても，人一倍速く終わらせることができています。今後は，いままで以上に達成状況や完成度に意識を向けて，時間の許す限り見直しや改善をしていくことを習慣にしましょう。

POINT

作業スピードが速いという特性を認めつつ，ミスや粗雑さが多いようでは決してよい評価にはつながらないということに気付けるような助言をする。

生徒の様子
テスト前などに一夜漬けで学習する生徒

[所見文例]

- テスト勉強に意欲的に取り組み，成果を上げています。ただし，学んだ知識は日常生活で生かせてこそ，真の意味をもちます。テスト勉強を通して得た知識が，本当に身に付いたものとなっているかどうかを改めて確認してみましょう。
- 一度にたくさん覚えたことを，知識として定着させるのはなかなかむずかしいことです。テスト前の学習ではすばらしい集中力を発揮していますが，知識を自分のものとするためには，日頃からコツコツと学習を進めることも大切です。

POINT

知識の習得とは，テスト前に丸暗記してその場を切り抜ければよいというものではなく，概念的な理解を伴った活用できる知識とする必要があることを助言する。

学習習慣・家庭環境・その他 ▶ 学習習慣

生徒の様子
学習習慣が付いている生徒

[所見文例]

✎ テスト週間だけでなく、日々計画的に学習を進めることができていました。特に、限られた時間を工夫し、学習時間を確保していることは大変すばらしいです。今後も着実に努力を続けてほしいと思います。

✎ 毎日宿題だけでなく、予習・復習もきちんと取り組んでいる姿には感心しました。生活ノートに、日々の学習予定だけでなく、週の学習予定が書いているのがすばらしいです。今後も続けましょう。

 POINT

忙しい中で、宿題だけでなく、予習・復習も計画的に進めていること、そのほか主体的に学びを進めていることを認め、継続を促す。

生徒の様子
学習習慣が付いていない生徒

[所見文例]

✎ 部活動を頑張っていますが、疲れてしまうようで、学習時間が十分に確保できませんでした。部活動での頑張りは、学習でも発揮できるはずです。毎日学習する時間を決め、やることを生活ノートに書いて、計画を立ててみましょう。

✎ テスト週間には集中して学習に取り組むことができていました。日々の家庭学習もやればできるはずです。テスト週間のように5教科の予定表を毎日作成すると、先を見通した学習ができますよ。

 POINT

部活動などに追われ、宿題や予習・復習ができていない生徒や、定期テスト直前のみ学習に取り組む生徒には、簡単な日々の学習予定の作成から手を付けさせたい。

学習習慣・家庭環境・その他 ▶ 学習習慣

生徒の様子
宿題がきちんとできる生徒

[所見文例]

- どの教科も確実に宿題をやっていました。授業に加え，部活動や委員会・係活動などで日々忙しい学校生活の中で，毎日続けるのはすばらしいことです。更に力を付けるために予習・復習，自主学習にも取り組んでいきましょう。

- 部活動で疲れていても，宿題を確実にこなしていたのは大変すばらしいことです。今後もちょっとした時間の活用を続けてください。さらに，短時間でも予習や復習にも取り組むとよいですね。

 POINT

まずは宿題がきちんとできていることをしっかりほめたい。その上で，ステップアップのために予習・復習や自主学習にも少しずつ取り組むよう促したい。

生徒の様子
宿題がきちんとできていない生徒

[所見文例]

- やる気は十分ありますが，宿題忘れが目立ちました。確かな学力を身に付けるためにも宿題は最低限の家庭学習です。生活ノートに課題を明記し，宿題を最優先してください。家庭でも声かけをお願いします。

- やる気はありますが，宿題を忘れることがあり，朝学校で取り組む姿を目にすることがありました。家庭での習慣になればできるようになると思います。まずは時間を確保できるよう，工夫してみてください。

 POINT

確かな学力を身に付けるためには，宿題に忘れずに取り組む必要があることを伝える。家庭の協力も欠かせない。

学習全体

学習習慣・家庭環境・その他 ▶ 学習習慣

生徒の様子
自主学習を目的をもってできる生徒

[所見文例]

- 自主学習ノートを見ると，興味のあることを自ら調べたり，逆に不得意な点は納得いくまで練習したりしている様子がありました。積極的で大変すばらしいと思います。しっかりほめて継続させてください。
- 自主学習の様子を見ると，授業の内容をまとめ直したり，授業での疑問点をまとめたりして次の授業で聞いていました。こういった学習の積み重ねが大切だと思います。称賛の言葉かけをお願いします。

POINT

家庭での自主学習を継続することは学習習慣の形成，ひいては学力向上につながる。自ら課題を見つけて取り組めている点を称賛し継続させたい。

生徒の様子
課題を見付けて学習に取り組むことができない生徒

[所見文例]

- 自主学習ノートを見ると，漢字や単語練習を頑張っていますが，雑な点が気になりました。不足する力を補うのが目的ですから，身に付くよう丁寧に書く習慣が大切です。
- 自主学習ノートを見ると，教科書や授業の板書を丁寧にまとめていました。これからは授業の振り返りや弱点の補強もしてみましょう。それにより，より高い学習成果を上げることができるでしょう。学習の進め方をアドバイスしていきます。

POINT

毎日の宿題として自主学習ノートの提出を課している学校も多い。単にページを埋めるだけのノートにならないよう，自主学習の趣旨・意義を確認したい。

学習習慣・家庭環境・その他 ▶ 学習習慣

生徒の様子
授業中活発に発表をし，成績も良好な生徒

[所見文例]

- 3年生になり，授業中は大変意欲的に挙手をし，発表ができていました。しかも，堂々と大きな声で発表できることは大変すばらしいことで，成績も伸びています。今後も積極的な発表を期待しています。

- 授業中よく挙手，発表をし，授業が大変盛り上がります。間違っても堂々と発表することで，クラスメイトも遠慮せず自分たちの意見が言えて，クラスの雰囲気が前向きです。今後も活発な発表を期待します。

 POINT

中学校の授業では学年が上がるにつれ，挙手をする生徒が減る傾向がある。意欲的に発表できている生徒には積極的に承認の言葉かけをしたい。

生徒の様子
授業中わかっていても発表をしない生徒

[所見文例]

- ○さんの発言はクラスを明るくしていますが，最近，挙手の回数が減ってきたようです。学年が上がると照れもあるのかもしれませんが，わかったときは積極的に発言するようお願いします。

- よく努力をし，成績も良好です。これからは，授業中に挙手をしてみましょう。ペアやグループ学習のときには友達によく教えているので，できると思います。失敗を恐れず，自信をもって発表してください。

 POINT

恥ずかしかったり間違うことを恐れたりして，挙手をしない生徒がいる。自信をもって挙手できるよう，ふだんできている点を認めた上で，発言を促したい。

学習習慣・家庭環境・その他 ▶ 家庭環境

生徒の様子
保護者が学習に口出しせず見守られている生徒

[所見文例]

✎ 今学期，よく努力をして良好な成績を上げることができました。本人によると，ご家族が温かく見守ってくれていることが励みになり，自信につながったようです。今後も温かい励ましをお願いします。

✎ 今学期は少し成績が下がり本人も残念なようでしたが，努力を信じて頑張りなさいというご家族からの励ましで，自信を取り戻したそうです。これからも，やる気を起こすような見守り，励ましをお願いします。

 POINT

保護者との協力体制を確立したい。学校の指導に信頼を寄せていただいていることに感謝を示しつつ，気付いたことは申し出ていただくよう伝える。

生徒の様子
保護者に学習を干渉されすぎている生徒

[所見文例]

✎ 本人なりに努力をしていることは確かです。焦る気持ちもあるのかもしれませんが，努力を継続すれば成果は必ず出ます。信じて温かく見守り，ご家族からの温かい励ましの言葉をお願いします。

✎ ご家庭での励ましの言葉やアドバイス，いつも感謝しています。本人はよく努力をしており，学習方法には間違いないと思います。努力の継続でよい結果が出ると信じています。温かく見守ってください。

 POINT

保護者の厳しい言動でやる気が削がれてしまう生徒には，保護者の教育熱心さに理解を示しつつ，励ましの言葉の方が有効な場合もあることを確認する。

学習習慣・家庭環境・その他 ▶ 家庭環境

生徒の様子
学習に集中できない環境で学習に真剣に取り組む生徒

[所見文例]

✎ 今学期は，落ち着いて学習に取り組めなかったかもしれませんが，学校では変わらず真面目に学校生活を送り，良好な成績を上げることができました。ご家庭でも温かく見守ってください。

✎ 今学期も引き続き，真面目に学校生活を送り，特に学習には真剣に取り組み，自主学習ノートも毎日きちんと提出していました。成績も順調に上がっています。努力する姿は立派です。ご家庭でもほめていただきたいと思います。

 POINT

学習に真剣に取り組んでいる生徒に励ましの言葉をかける。努力が見られる具体的な姿を示し，承認やねぎらいの言葉かけについて保護者にも協力を要請する。

生徒の様子
保護者の目が行き届きづらい生徒

[所見文例]

✎ 宿題忘れもなく，真剣に学習に取り組んでいました。学校では授業に集中して取り組み，わからないところはよく質問をし，良好な成績をあげています。ご家庭でも本人の努力をほめてあげてください。

✎ ノートをきちんと取っていますが，なかなか成績が上がりませんでした。宿題を忘れず，授業に集中できるように，学校でもアドバイスをしますので，いつでも相談に来てください。

 POINT

それぞれの家庭の事情を考慮して保護者に寄り添うことを基本とする。家庭学習へのサポートを要請し，必要に応じて学校に相談するよう助言する。

学習全体

学習習慣・家庭環境・その他 ▶ 家庭環境

生徒の様子
保護者の期待が大きい生徒

[所見文例]

- 本人に将来就きたい職業を聞いたところ，○○だそうです。お父さんのようになりたいとのことでした。目下夢に向かい一歩一歩努力をしているところです。ご家庭でも温かく見守ってあげていただきたいと思います。
- 本人は○○に十分努力を重ねています。これからもこの努力を継続し，学力を身に付けられるよう，ご家庭でもじっくりと本人の話を聞いてあげていただければと思います。

 POINT

生徒が保護者からの期待をプレッシャーに感じている場合がある。両者の気持ちをしっかりと聞きつつ，双方に寄り添う文面を心掛けたい。

生徒の様子
成績はよいが身勝手に振る舞う生徒

[所見文例]

- 授業中よく意見を言い，盛り上げてくれましたが，やや言い過ぎることもあるようです。他者の意見もよく聞いた上で，しっかりと自分の意見も言い，学習に取り組むと更に成績が上がると思います。
- 能力は高いため，宿題を忘れず努力をすればもっと学習成果が上がると思います。学校の学習にもしっかりと取り組んで，クラスのリーダーとなれるよう期待しています。

 POINT

生徒の振る舞いに，保護者の学校教育への考え方が影響している場合がある。保護者の声は別の機会に聞くとし，通信簿は生徒第一のアドバイスをしたい。

学習習慣・家庭環境・その他 ▶ その他

生徒の様子
塾に通い学力が非常に高い生徒

[所見文例]

✏ どの教科もよく努力をし，すばらしい成績です。この調子で努力を続けてください。学校でも難易度の高い教材を提供しますので，挑戦したり，学び合って友達にも教えたりしてくれることを期待します。

✏ どの教科も優秀な成績です。さらに，友達に教え，積極的に挙手をして意見を述べるなどの前向きな姿勢は大変すばらしいと思います。これからも授業で挑戦する気持ちを忘れずに更なる努力を望みます。

 POINT

学力が高く進学塾へ通う生徒は，保護者も高度な教育を望んでいると思われる。生徒の能力の高さを認め，学校もできる限りの教育を実施する姿勢を見せたい。

生徒の様子
塾に頼りすぎている生徒

[所見文例]

✏ 部活動の後，塾にも通い，学習に一生懸命取り組み，成績も着実に上がっています。学校での学習・部活動・塾，それぞれのバランスをしっかり取りながら，無理のないよう，次学期も頑張ってください。

✏ 休み時間に熱心に塾の宿題に取り組んでいる姿を見かけました。学校生活とのバランスや生活リズムに気を付けながら，無理のないよう塾をうまく活用してください。

 POINT

塾通いでプラスになっている点は認めつつ，生活リズムや学校の活動とのバランスがとれるよう励ましたり，時間の使い方を助言したりする。

学習全体

学習習慣・家庭環境・その他 ▶ その他

生徒の様子
字が丁寧で成績のよい生徒，乱雑で成績の悪い生徒

[所見文例]

- いつも字が丁寧で感心します。ノートも大変見やすくよく整理できていました。友達にノートを貸してと言われることも多いようです。試験の答案も丁寧に書かれており，採点した先生方もほめていました。今後も丁寧な字を書く習慣を続けてください。
- 丁寧に書く努力をしていましたが，急ぐとノートや試験の答案用紙の字が乱雑になってしまうようです。見やすい字は理解や整理も容易で，成績アップにもつながりますので，気を付けましょう。

ノートや答案用紙の書字が乱雑な生徒には，字を丁寧に書かないと損をする場合もあることを伝え，できる限り丁寧に書くようにアドバイスしたい。

生徒の様子
グループ活動で活発な生徒

[所見文例]

- 授業中での話合い活動では，常に活発に意見を言い，話合いを盛り上げてくれました。中でもよく考えた意見には感心します。また，司会者としての能力が優れ，話合いをスムーズに進めてくれました。
- 授業中の話合い活動では，活発に意見を述べ，話合いを盛り上げてくれました。これからは，話が逸れたり，声が大きくなり過ぎたりしないように，話合いの約束を守ることを期待します。

活発に取り組めていたことは承認しつつ，雑談の多い生徒には，話合いの約束を守って取り組むことを徹底するよう促したい。

学習習慣・家庭環境・その他 ▶ その他

生徒の様子
能力は低いが休まず登校し授業に真剣に取り組む生徒

[所見文例]

- 今学期も1日の欠席もなく登校できました。授業中の真剣に取り組む姿には感心しました。宿題忘れが少しありましたが，疑問点は授業のグループ活動で友達や先生にしっかりと尋ねるようにしてください。
- 授業中は常に真剣に取り組んでいます。学年が上がり，学習内容がむずかしくなると，理解もむずかしい場面が増えてきたようでした。放課後などに個別対応もしますので，遠慮なく質問してください。

POINT

休まずに元気に登校できた生徒に対しては，真面目な姿勢を認めたい。その上で課題がある生徒には，改善するための方法などを助言したい。

生徒の様子
学習についていけず不登校傾向がある生徒

[所見文例]

- 学校に来ることのできない日でも，授業のプリントはご家庭に届けますので，できるところからやってみましょう。少しずつでも力は付いてきます。できる援助はいたしますので，遠慮なくご相談ください。
- 今学期は少しずつ学校に来られるようになり，相談室では授業のプリントにも取り組めるようになりました。友達や先生も相談室をのぞくので勉強の質問もしてください。少しずつ取り組んでいきましょう。

POINT

できている点を認めつつ，学力を付けるための手段をアドバイス・援助したい。学校に足が遠ざかっているケースでは，保護者に家庭学習への協力を要請する。

教科学習

評価の観点と文例の分類について

　今回の学習指導要領では，各教科等の目標や内容が「知識及び技能」「思考力，判断力，表現力等」「学びに向かう力，人間性等」の3つの柱で整理されました。これらの資質・能力の育成に関わるのが，「知識・技能」「思考・判断・表現」「主体的に学習に取り組む態度」の観点別学習状況の評価です。

❶ 知識・技能

　「知識・技能」は，各教科等における学習の過程を通した知識及び技能の習得状況とともに，それらを既得の知識及び技能と関連付けたり活用したりする中で，他の学習や生活の場面でも活用できる程度に概念等を理解したり，技能を習得したりしているかについて評価するための観点です。

　本書では，おもに，知識や概念の習得状況や，知識や概念の習得に向けた器具や資料の活用状況などを評価する文例を分類しました。なお，ここでの知識は，事実に関する知識と手続きに関する知識（技能）の両方を含みます。

❷ 思考・判断・表現

　「思考・判断・表現」は，各教科等の知識及び技能を活用して課題を解決する等のために必要な思考力，判断力，表現力等を身に付けているかどうかを評価するための観点です。

　本書では，おもに，(1) 問題発見・解決していく過程，(2) 自分の考えを文章や発話によって表現したり，考えを伝え合って互いに理解したり，集団としての考えを形成したりしていく過程，(3) 思いや考えを基に構想し，意味や価値を創造していく過程，を評価する文例を分類しました。

❸ 主体的に学習に取り組む態度

　「主体的に学習に取り組む態度」は，子どもたちが思考力・判断力・表現力を涵養するために，教科等の見方・考え方を働かせて学ぼうとしている際の，活動やコミュニケーション等の様子を評価するための観点です。

　本書では，おもに，学習に対して粘り強く取り組もうとしている様子や，自らの学習を調整しようとする様子を評価する文例を分類しました。

参考文献：中央教育審議会（2015）『教育課程企画特別部会における論点整理』
　　　　　中央教育審議会（2019）『児童生徒の学習評価の在り方について（報告）』

教科学習

国　語

🔍 知識・技能

- 類義語の学習では，似た意味の言葉でも相手や場面に応じて使い分けると，表現が豊かになることを学びました。またグループでのディスカッションを通して，日常よく使う言葉についても，人によってさまざまなとらえ方・感じ方があることに気付きました。
- プレゼンテーションの学習では，発表内容に関する多くの情報を集め，それらをもとに図やグラフを挿入するなど工夫のある資料を作成しました。発表場面では，話し言葉と書き言葉に注意しながら，相手が聞き取りやすい発表ができました。
- クラスメイトと本を紹介し合う学習では，お気に入りの1冊を見付けて，その本の魅力や感想を，思いのままに発表しました。
- 文章を書く学習では，まずは自分がこれまで経験したことや想像したことを思い付くままノートに書き出した上で，語句の使い方や順序を考えて，相手が読み取りやすい文章を書きました。
- 説明文を読む学習では，事実と意見をきちんと読み分け，作者の主張を的確にとらえることができました。
- 漢字練習やノートの文字は，できるだけ丁寧に書くことが望ましいです。字形，文字の大きさ，配列などを整えることを意識しながら，まずはゆっくりと書いてみましょう。
- 説明文の内容を読み取ることに課題があるようです。例えば新聞を読むとき，事実には傍線，意見には波線を引きながら読んでみましょう。編集の仕方や記事の書き方にも注目してみてください。

🔍 思考・判断・表現

- 「私の座右の銘」の授業では，クラスメイトの発表をメモを取りながら真剣に聞き，発表者に質問する姿が印象的でした。自分の発表では，わかりやすく伝えるための工夫が随所に見られました。

- 「職場体験学習の依頼文」を書く学習では，依頼相手に正確に意図を伝えようと細かい表現にも気を付けながら，丁寧に書き上げることができました。敬語表現など文章を読ませる相手を意識した表現についても引き続き学習していきましょう。
- 物語を読む学習では，豊富な読書経験を武器にして，情景描写などから登場人物の心情を想像するなどして，内容の理解をいっそう深めることができました。読書習慣を継続するとよいでしょう。
- 説得力を高めることを意識すると更によい発表・発言になりそうです。例えば，話の根拠を明らかにしたり，相手の立場や考え方に立った切り口で発言したりすることでも，説得力は高まるものです。
- 優れた読解力や理解力を発揮していますが，文章を書くことはあまり得意ではないようです。文章を書く力を高めるには，読み手を意識して書く経験を積むことが有効です。テーマを決めて週1回，家庭学習で200字程度の文章を書くことから始めてみましょう。

主体的に学習に取り組む態度

- 「パネルディスカッション」の学習に意欲的に臨み，事前にさまざまな資料を準備し，根拠に基づいた議論をすることができました。
- 日本語に対する興味・関心が高く，ふだんからわからない言葉や難解な語句を進んで調べています。これからも語句の用法に注意して，読みやすい文章づくりの腕を磨いていきましょう。
- 文学的な文章を読むことに苦手意識があるようです。登場人物の行動は場面の様子にも留意すると理解しやすくなります。また感想をメモしながら読み進めると，物語の世界観をつかみやすいでしょう。
- 漢文の学習では，訓読のきまりを的確にとらえ，古典特有のリズムを味わって音読できました。言葉がもつリズムや響きへの興味の高まりが，その後のさまざまな文章の音読にも生かされています。

社 会

🔍 知識・技能

- 調べ学習ではさまざまな情報媒体から多くの情報を集め，社会状況を多面的・多角的にとらえようとしました。また単純な資料収集に満足せず，集めた資料同士の内容を比較したり関連付けたりしながら，社会問題への自分の意見を形成しようとしました。
- 歴史の学習で年表を作成する際は，必ずしも年代順の年表を作るのではなく，調査目的に応じて，例えば事柄別の年表を作成するなど，工夫を凝らした年表作りをすることができました。
- 社会科の基本的な用語や人物，社会的事象についての知識が不足しているようです。繰り返し学習しても成果が上がらないときは，自分の勉強法を見直すことも一手です。相談に乗りますよ。
- 意見を述べるにあたり多くの資料を集めましたが，資料内容や資料収集の視点に偏りがみられました。社会科では，社会的事象を公正・公平に検討することも大切な学習の観点です。今後は，反対の視点・立場から書かれた資料も集めると学習がより深まるでしょう。

🔍 思考・判断・表現

- 調べ学習では，媒体の特性を踏まえつつ，さまざまな資料から必要な情報を読み取り，対立する概念や社会的事象の発生過程についても考察を加えながら，自分なりの結論をまとめました。
- 地域の特色を調べて発表する学習では，対照的地域（暑い，寒い）だけでなく隣接する地域についての資料も収集し，比較するなどして，さまざまな特色を説明することができました。
- あなたの考察には，地理，歴史，公民の学習を相互に関連付けようとするなど，学習内容をいっそう深く理解しようとする工夫がみられます。その学び方を続けてください。
- 社会的な見方・考え方を働かせて，社会事象や歴史の事柄から学習

課題を設定することができていました。
- 地図を活用して説明したり，資料を基にして歴史的な背景を説明したりすることが得意なようです。また友達と自分の意見との相違点を探し，各意見の長所や短所を端的に説明することも上手です。
- 現代社会の諸問題に関心をもち，それらの課題に対して自分なりの解決策や，社会状況や環境をよくしていくための提案を具体的にまとめることができました。
- 社会科の基本知識（人名や地名，事柄など）をよく押さえていますから，それらを今後の学習にフル活用しましょう。新出の社会的事象について検討する学習場面では，既習内容とも関連付けながら考えてみると，仮説が生まれるなどして学習がより深まるでしょう。

主体的に学習に取り組む態度

- 現代社会の諸問題について高い関心を示すとともに，それらの課題に対して「自分には何ができるか」という視点をもち，それぞれの問題への解決策を考えることができました。
- 自ら問題を発見し解決する学習では，まずは現状を的確に把握しようと，新聞，インターネットなど，さまざまなメディアを活用しました。意欲的に情報収集する姿勢がみんなの手本となりました。
- 歴史学習において，興味をもった人物や事象について，さまざまな視点で書籍や資料を収集しました。新出事項でも，常に時代性や人物像を掘り下げて理解しようとする探究心がすばらしかったです。
- 学習内容を単元ごとに自習用ノートにまとめるなど，授業以外においても学習を深めようと努力する姿勢は立派です。
- 学んだ知識を実生活にどう生かすかを考えるまでが，社会科の学習です。一問一答に答えられることで満足せず，積極的に自分の考えを形成・発表できるよう，更なる努力に期待しています。

教科学習

数　学

🔖 知識・技能

- さまざまな図形の性質を学んで、コンパスを使って正確に作図することができるようになりました。
- 関数の学習では、一つの式とグラフを関連付けて理解することはできましたが、連立方程式の解とグラフを関連付けて考えることに苦労したようです。関数の意味について復習しておきましょう。
- 因数分解の学習では、公式を覚えることができました。公式を使いこなせるように、問題練習を重ねていきましょう。
- 二次方程式の解の公式を覚えることができました。計算ミスが目立ちますので、確実に答えを出せるよう、慌てずに丁寧に計算する習慣を身に付けましょう。
- 計算問題については高い技能を発揮して、確実に、正しく解くことができています。苦手意識がある文章問題に関しても、例題に多く取り組んで立式のコツをつかめば、一気に上達できるでしょう。
- 計算問題に苦手意識があるようです。正の数、負の数の意味は理解できていますから、分数の計算を復習することが、計算力向上の鍵になりそうです。課題を出すので、休業中に復習しましょう。

🔖 思考・判断・表現

- 方程式が実生活で利用できることに気付き、身の回りの事象を方程式で表すことに興味をもったようです。生活事象が方程式でどのように表現できるか、具体的な例を友達に説明する姿が印象的でした。
- 確率の学習では、硬貨を投げて面の出方を調べる実験に取り組みました。その結果を論理的に考察することで、確率の意味をいち早く理解し、友達に説明することができました。
- グループ学習の場面では、自分の考えを班員に説明したり、理解できていない班員に教えたりする姿が多く見られました。説明が論理

的で，学習課題を深く理解していることがうかがえました。
- 図形の学習で，三角形の合同条件を用いて，二つの角が等しいことを論理的に証明することができました。類題に積極的に取り組んでいけば，発展的な問題も解くことができるようになるでしょう。
- 授業で新しく学んだ数学的事象を，式，図，表，グラフを用いて，わかりやすくノートに整理することが上手です。課題の本質をとらえて表現する力が高いようです。家庭学習にもよく取り組んでいます。努力を続け，数学の力を更に高めることを期待しています。

主体的に学習に取り組む態度

- 文章問題から仮定と結論を見出し，証明する楽しさに気付いたようです。例題に取り組んで，証明問題の力を伸ばしましょう。
- 一つの問題に対して複数の解答方法を導き出そうと，友達と意見交換しながら意欲的に取り組みました。また，発見した方法を互いに説明し合う姿も見られました。
- 授業で学習した内容をもとに，家庭学習では発展的な問題にも積極的に取り組んでいるようです。学力の更なる向上に期待しています。学習習慣を継続しましょう。
- 数学の基礎を固めるためには，小学校の学習内容を見直すことも必要です。課題を出すので，わからない点は遠慮せず聞きに来てください。苦手分野の克服に向け，一緒に頑張りましょう。
- 数学の楽しさを誰よりも実感し，自分で問題集を解き進め，よい成績を収めています。グループ学習で班員を支援する姿も立派です。これからも数学の楽しさを広めてくれることを期待しています。
- グループ学習でわからないことがあるときは，積極的に教え合う姿が印象的でした。友達から教わったことは必ず復習して，確実に力を付けていきましょう。

教科学習

理　科

🔍 知識・技能

- 鏡や凸レンズを使った実験では，光の道筋の作図に対して，最初は苦労していましたが，作図のポイントをしっかりと理解した後は，難問の作図もできるようになりました。
- 電気に関する知識が豊富で，実験では電流計や電圧計の接続や，目盛りの読み取りなど，いつも速く正確にできていました。
- 化学変化の学習では，実験に関する注意点をしっかりと聞き，安全に操作することができました。また，周期表にある元素記号をすべて覚えてしまうほど，関心をもって取り組んでいました。
- 実験の基本操作が全般的にしっかりしており，特にタマネギの根を用いた実験では，顕微鏡を高倍率にして分裂中の細胞の様子を観察することができました。
- 比例関係のポイントをしっかりと押さえており，実験結果を処理する段階で，誤差やその原因などを考えながらグラフを描くことができています。

🔍 思考・判断・表現

- 食物連鎖の学習を通して，植物の重要性や動物の命のつながりを理解できました。また，考察をまとめる中で，「人間が食べ物の好き嫌いをなくし残飯をつくらないことは，地球上の生物の命を大事にすることにつながる」という自分の意見をもつことができました。
- 雲や霧の発生は気温や水蒸気量などと関連することを学んだ上で，いろいろな上昇気流による雲のでき方について，雲の形成過程がひと目でわかる図を作成して，授業で発表することができました。
- 1日の太陽の動きを休み時間ごとにチェックして，透明半球上に正しく記録することができました。また，その記録を使って，太陽の南中高度を求めたり，日の出，日の入りの時刻を推測したり，太陽

と気温の関係について考察したりすることができました。

主体的に学習に取り組む態度

- 理科室にはいつも一番早く入室し，学習の準備をする姿を見かけました。また，授業後の片付けも進んで手伝ってくれました。いつも意欲的に授業に臨む姿は大変立派です。
- 1年生での地震の学習を生かして，夏休みの自由研究では見事な地震計を作成しました。校外のコンクールでもアイデアが高く評価され，○○賞に輝きました。
- わからないことや疑問に思ったことに対して，先生や友達に聞くだけで済まさずに，自分の目でも確かめたり，インターネットでも調べたりする習慣が身に付いているようです。事象を科学的に探究しようとする姿勢がすばらしいです。
- 理科の実験に関心が高いようで，いつもグループの中心となって取り組んでいました。実験で得た情報はノートにしっかりと整理して，知識や理解をより確実なものにしていきましょう。
- ノートや実験レポートなどの提出物が不十分です。授業中の学習内容への理解を更に深めるためにも有効ですから，しっかりと取り組みましょう。
- 計算に対して苦手意識があったようですが，科学の探究に必要だからと計算練習に繰り返し取り組んで，学期末の実験や観察の場面では，密度や濃度を求めるような小数点や四捨五入を使う計算についても，確実にできるようになりました。
- 授業中に答えられていた質問が，ペーパーテストになると回答できませんでした。ふだんの授業態度，課題への取組みの低調さが気になっています。まずは教科書をしっかり読むこと，ノートをしっかり書くこと，課題にしっかり取り組むことから始めましょう。

教科学習

外国語

🔍 知識・技能

- 言語の背景にある文化や習慣についての英文を読んで，英語と異文化への理解を深めることができました。また，日本文化を紹介するための英語のスピーチの構成の知識も身に付いていました。
- 日本語と外国語の慣用表現のしかた（言い回し，会話の際のジェスチャーなど）の違いについて理解し，例を挙げて説明できました。
- 英語の文字や符号を識別して，英語の文を書く際は，語と語の区切りなどに注意して正しく書くことができました。
- 強勢，イントネーション，区切りを聞き分けることに課題があるようです。授業中は先生の発音をよく聞いて，自分でも真似ながら何度も繰り返し練習して英語特有の音声の感じをつかんで，聞き取りのポイントをしっかりと定着させましょう。
- 英語の語順，慣用句や文の読み方に関する知識が十分に身に付いていないようです。声に出して繰り返し発音しながら書いて覚えることから始めましょう。
- 長文の内容を読み取ることに課題があるようです。英文読解は語句や表現，文法事項などの知識を増やすとともに，英和辞典を引くことに慣れることでも上達の道が開けます。地道に取り組みましょう。
- 学んだ表現を用いて英文を作る課題が，正確に解答できませんでした。既習事項の復習は疎かにせず，授業で学んだ表現はその日のうちに復習し，知識や理解をしっかり定着させましょう。

🔍 思考・判断・表現

- 友達の質問や依頼を聞いて，聞き取れなかった部分を英語で聞き返すことができました。また，話の概要や要点を整理しながら，話し手の考えや意向を更に聞き取ったりして，相手が話したい内容を正確に把握するように努めることができました。

- 初歩的な語彙や表現で書かれた物語や説明文などを読み，内容や要点を読み取ることができました。
- ペア学習で相手から聞かれたことに対して，適切な語句や表現を選択して，適切な速さや声の大きさで応じることができました。
- 環境問題について英語でスピーチする場面で，自分の考えや気持ちを大きな声ではっきりと聞き手に伝えることができました。
- 身近な場面での出来事や自分が体験したことについて，自分の考えや気持ちが読み手に伝わるように文章を書くことができました。

主体的に学習に取り組む態度

- 英語の聞き取りに関心が高いようです。いつも耳を澄まし集中して細かいところまでよく聞いて，聞いた言葉を繰り返しながらその内容を発表しようと努めていました。
- ALT の授業では，話に熱心に耳を傾け，辞書を活用しながら積極的に質問をしたり意見を述べたりするなど，英語を使ったコミュニケーションに意欲的に取り組む姿勢が大変すばらしかったです。
- ペアやグループをつくり対話を行う場面では，新出単語を早速使ってみたり，英語での表現がすぐにわからないときは相手の顔を見ながら相づちを打って会話を継続したりするなど，お互いに使い慣れない言語での対話を積極的に楽しもうとしていました。
- ペア活動では，新しく習った表現をすかさず取り入れながら，積極的に手を上げて発表したり，課題について詳しく説明したりするなどして，能動的に学習に取り組み，確実にものにすることができました。
- ペアやグループでのやりとりの場面では，活動に参加することを躊躇する姿をよく見ました。恥ずかしがったり，できないことを気にしたりしすぎると，なかなか上達しません。間違えることを恐れずに，自分ができるところから少しずつ活動に参加していきましょう。

教科学習

音楽

知識・技能

- 課題曲に触れ曲の雰囲気や歌詞の内容を感じ取り，美しく丁寧に歌い上げることができました。
- 歌唱において，曲にまつわる文化的背景を学び，曲の特徴をとらえて表現豊かに発表することができました。
- 合唱において，ほかのパートの音をよく聴き，自分の声量を調節するなど，全体の響きを意識して歌い合わせることができました。

思考・判断・表現

- 課題曲に対して「軽快で元気があるイメージ」と感じ取り，イメージに基づく曲想を考えて，「なるべく弾むように演奏したい」という意図をもち，創意工夫のある発表をすることができました。
- 楽器を演奏する喜びが伝わるとても元気な発表でした。次は，曲想をとらえて表現を工夫すると，もっとすてきな演奏になりそうです。
- 歌唱発表では発声がしっかりしていました。次は，歌詞の情景や曲ができた背景をイメージし，そのときの感情を歌唱に生かすことで，更に深みのあるきれいな表現になるでしょう。
- 授業で曲を鑑賞し，演奏のよさや美しさについて感じ取り，作曲者の思いや曲ができた背景に触れながら，考察したことをしっかりと発表することができました。

主体的に学習に取り組む態度

- 授業に意欲的に参加しました。特に合唱では，声量豊かかつ美しい発声で表現し，みんなをリードしました。
- 落ち着いた態度で授業に臨みましたが，歌唱表現や器楽表現に消極的な面が見られました。鑑賞ばかりでなく自己表現することの楽しさもしっかりと味わい，音楽活動を充実させていきましょう。

美　術

🔍 知識・技能

- 工具の特性や使用方法を正しく理解した上で，安全に活用し，完成度の高い精緻な作品を仕上げました。
- 色の微妙な変化を確実に描き分ける技術力の高さがあります。しっかりと描き込み，色調の美しい魅力的な作品を制作しました。

🔍 思考・判断・表現

- アイデアスケッチを何度も繰り返して，色彩や形・動きのデザイン・構想を検討し，配色と構成に優れた作品を描きました。
- 構想を生み出すのに苦労することが多かったようです。よい構想を練るためには，資料を積極的に収集・活用したり，対象の大きさや数を変えたり，色や形を数多く組み合わせたりしてみましょう。豊かなアイデアは試行錯誤を通して生まれることがあります。
- 作品鑑賞では，鋭い着眼点で作品の造形的なよさを指摘することができました。また，ほかの発表者の意見を大切にしながら，作品の新たな見方や感じ方を発表して，教室で多くの共感と感動を生み，授業を盛り上げました。

🔍 主体的に学習に取り組む態度

- 創造活動への関心が高く，意欲的な制作態度でした。妥協をしない作品作りが周囲によい影響を与えていました。
- 集中して制作に取り組みましたが，用具などの準備が十分でないことがしばしばありました。優れた表現力を生かすためにも準備・確認を大切にしてください。
- すばらしい感性をもっています。美術館や博物館などで美術文化に触れる機会を積極的につくり，多くの発見や感動を体験することにより，芸術作品への見方や感じ方を深めていくことを勧めます。

教科学習

保健体育

知識・技能

- 球技では，各種目のルールをよく理解し，ルールを生かした作戦を立てて仲間とともにゲームを楽しむことができました。
- ダンスの動きが萎縮する場面が見られました。「上手にしなければ」という気持ちが先行するとうまくいかないことがあります。まずは全身を使って表現し，伝えることの楽しさを味わいましょう。

思考・判断・表現

- 球技全般にわたって高い能力を発揮しました。チーム競技ではコーチ役を買って出て，メンバー個々に応じた練習方法を助言し，メンバー個々の成長とチームの勝利に貢献することができました。
- バレーボールではチームのリーダーとして「みんなが競技を楽しめるチームづくり」を掲げ，常にメンバーを鼓舞し励ます姿が印象的でした。また，自らの技術的な課題を見付け，適切な練習ができました。
- チームの話合いでは，メンバーの意見をよく聞き，自己の考えを積極的に発言する場面が見られました。

主体的に学習に取り組む態度

- 「安全とフェアプレイが大切だ」と真っ先に口にし，準備運動のときも率先して大きな声を出して，授業の雰囲気を盛り上げました。
- どの種目にも一生懸命に取り組んで，常に技術を向上させようとする意欲的な姿は，みんなの手本になっていました。
- けがで練習に参加できないときは球出しの補助をやるなど，どんなときもできるところを精一杯取り組もうとする姿がすばらしいです。
- 保健の授業で学んだことを生かして，体力向上のために自主的に走ったり，インフルエンザを予防するためにうがい・手洗いをしたりして，健康な生活と疾病の予防を実践することができました。

技 術

🔍 知識・技能

- 部品の加工や組み立てが正確にできました。素地磨きの重要性を理解して根気強く行うと，更によい仕上がりとなるでしょう。
- 電気回路の基本的な構成を理解し，製作品の配線や調整をして，安全に配慮しながら作業を進めることができました。
- 知的財産権や個人情報などに関わる事例に学び，情報発信者としての基本的な知識を身に付けることができました。

🔍 思考・判断・表現

- マルチラックの製作では，用途や材料の性質を考えて，丈夫で機能的な作品になるように工夫した設計をすることができました。
- 技術発展と環境の関わりというレポート課題に対して，「新エネルギーや省エネルギーの技術と自然環境の保全」というテーマを自ら設定し，パソコンの表計算ソフトなどを活用しながら，視覚的にもわかりやすくまとめることができました。
- プログラミングの学習では，ほかの生徒の発表に学ぶことで自分の作品を改良し，高度な作品を完成させました。

🔍 主体的に学習に取り組む態度

- 毎時間課題をもって，作業の工程を考えながら能動的に製作することができました。また，作業の準備や片付けにも積極的に取り組みました。そして，工具を丁寧に扱う姿も印象的でした。
- のこぎりやかんなの使い方をよく理解しており，丁寧で正確な作業ができました。今後は，工程を考えて期日に間に合うように取り組むことも意識しましょう。
- ミニトマトの栽培では，水やりや摘心などを植物の育成環境を考えて時宜よく行い，適切な手入れをすることができました。

教科学習

家 庭

知識・技能
- 目的や食材に合った基本的な調理操作ができ，能率を考えた手順で安全に実習を行うことができました。
- 手縫いやミシン縫いなど基本的な技術を身に付けました。また，安全に用具を取り扱い，目的に合った縫い方で作品を製作しました。

思考・判断・表現
- 幼児の生活に関心をもち，いろいろな遊びを観察し発達段階に応じたおもちゃの製作をすることができました。
- 食品の扱い方，特に適切な保存と計画的な購入について，食中毒対策など衛生に配慮するという観点からレポートをまとめました。考察対象が自宅の例に留まっていましたので，友達の意見や例も取り入れると，より深い考察につながると思います。
- 災害に備えた住まい方に関心をもち，さまざまな災害の特徴を調べ，それぞれの災害対策の具体的な課題をまとめることができました。

主体的に学習に取り組む態度
- 健康によい食習慣の学習では，自分の課題を見付け，日常生活の中で実践するための具体的な計画を立てることができました。
- 地域や季節の食材を用いた調理では，料理の文化を伝える役割に関心をもち，自ら食文化を継承しようと意気込んで取り組みました。
- 布作品の製作では，用具の選択やミシンの扱いなど安全に配慮して取り組むことができました。また，作品を日常生活でどう使おうか常に想像しながら製作に臨んでいたのがすばらしかったです。
- 消費者被害の学習では，消費生活センターやクーリング・オフ制度の仕組について，自分にも起こりそうなケースを想定しながら課題をもって学び，解決方法を具体的に理解することができました。

総合的な学習の時間

 所見記入時の留意点

❶ 学習がめざましい点から書きます

誰でもよい点をほめられればうれしくて、更にやる気になります。総合的な学習の時間は、知識よりも学び方を学ぶことが中心です。各学校で設定した点を生徒の行動にまで具体化して、自ら学ぶ学び方で身に付いためざましい点について、できるだけ具体的に書くようにします。

❷ 努力してほしい点は努力の仕方を書きます

学習がめざましい点から書き始めると、次に努力してほしい点を示しても、素直に読んでくれます。ただし、努力してほしい点を示すだけでは嫌気を生ずるだけです。どう努力したらよいかをできるだけ具体的に示し、そうすれば更によくなると励ますように書きます。

❸ 成長のプロセスを書くようにします

総合的な学習の時間の資質・能力は、学び方についてのものですから、短期的に達成できるものではなく、長期にわたって学習に取り組むことで、学習に取り組むことで、しだいに磨きがかかるものがほとんどです。そこで通信簿の所見には、活動ごとの、あるいはその時間ごとの目標、内容について身に付いたものを書くことが必要です。同時に、学び方がしだいに身に付いていく過程に目を付け、取り組み方についての進歩という視点から書くことも必要です。結果だけでなく、プロセスも書くようにします。

❹ 活動ごとに観点別のきめ細かい資料を生徒ごとに収集、保存します

資料としては、観察、面接、質問紙、作品、ノート、レポート、自己評価カード、相互評価カード、発表、報告などが考えられます。資料はできるだけ豊富で生徒ごとに蓄積されている方が、身に付いたもの、進歩のプロセスなどを適切に評価できます。

❺ 生徒ごとに書き分けます

よりよく課題を解決し、自己の生き方を考えていくことをねらいとして、生徒ごとの個性的活動が期待されています。生徒ごとに特徴的な活動になりますので、その特徴を書き分けることになります。

総合的な学習の時間

総合的な学習の時間
● 現代的な諸課題に対応する横断的・総合的な課題

知識・技能

- 「○○川の環境を守ろう」という課題のもと，○○川の現状と自分たちにできることについてパンフレットにまとめることができました。また，他校の生徒とインターネットを通じて意見交換もすることができました。
- リーダーとしてグループ内で中心となって役割分担を決め，協力して河川の上流と下流の水質検査を実施しました。その結果から「○○川の環境を守る方法を考えよう」という課題を導き出すことができました。
- ごみ処理の現状と課題について追究するにあたり，○○市のごみ処理の状況を把握するため，市役所のクリーン推進課に直接取材に行き，必要な情報をもれなく収集することができました。
- 学校内や，地域から出されるごみの量について調べ，その処理の方法や現状についてクリーンセンターを見学し，取材することができました。家庭，学校から出されるごみについて，自分たちも今後3Rの考え方を重視していくことが大切であると理解できました。
- 日本の少子高齢化の現状について各種統計資料に基づき調べるとともに，諸外国の高齢化に対する取組みも調査することを通して，今後の我が国の福祉行政について積極的に意見交換をすることができました。
- 障害者福祉施設でのボランティア活動を通してバリアフリーについての関心を高め，身の回りに見られるバリアフリーを意識したさまざまな施設や設備，物品を調べることができました。そして，ノーマライゼーションの考え方の重要性をまとめることができました。
- 地域の公共施設のバリアフリーについて調べるにあたり，市役所の担当課の方に電話で事前にアポイントメントを取り，実際に市役所

を訪れ取材をすることができました。また，礼状の送付まで配慮をすることもでき，ほかの生徒も取材の手順について学ぶことができました。

- 地域の点字ブロックの敷かれている歩道や，音の出る信号機の設置されている交差点について根気強く調べました。それらを丁寧にマップにまとめ，分析・考察するのに有効な資料を作り上げることができました。
- 地元で生産される野菜を使って地産地消の新たな料理レシピを作成するために，その野菜の特性をインターネットや書籍を使って調べるとともに，生産者に手紙を出して意見を求め情報を収集することができました。
- 安心・安全な町づくりをしようと努力をしている地域の消防団のみなさんや，防犯ボランティアのみなさんに取材をすることを通して，その活動の内容を調査することができました。また，地域の安全を守ろうとする強い意志を理解することができました。

思考・判断・表現

- 「情報社会の問題点を探ろう」という課題を立て，メディア情報の信憑性や，SNS上の人権侵害などについて調べ，班で話合いを進めました。自分自身の情報社会を生きるために必要な態度や考え方についても振り返り，あるべき姿勢について考えられるとよりよいでしょう。
- 情報社会を生きるために必要な態度や考え方について課題を設定し，インターネットやSNS上での差別や偏見の現状について調べました。今後自分たちのあるべき，人権尊重の視点に立ったインターネットやスマートフォンとの関わり方についてパンフレットにまとめ，クラスメイトに発信することができました。
- 温室効果ガスの排出と地球温暖化について，さまざまな資料を集め，現状と課題について分析・考察を進めることを通して，地球規模の環境問題と自分たちにできることについて考えを深めることができ

総合的な学習の時間

ました。
- 温暖化などの地球規模の環境問題や，給食の食べ残しなど，生活に身近な食品廃棄物の問題などを関連付け，多面的な見方で，エコライフのあり方についてレポートにまとめ，クラスメイトに提言することができました。
- 市内のごみ処理の現状や方法，財政について調べる中で，リサイクルとともに再利用の重要性について関心を高めました。ペットボトルの再利用のアイデアをクラスメイトから募集し，パンフレットにまとめることができました。
- 地域の公園を清掃するボランティア活動を実施する中で，ごみのポイ捨ての多さに驚き，自分たちの身近にある公共施設の使い方について，ポスターで表現し，全校生徒に発信することができました。
- 高齢者福祉施設での交流活動や介護体験を通して，高齢者に対する地域の福祉行政についての関心を高め，「高齢者が安心して暮らせる町づくりを考えよう」という課題を設定することができました。
- 公民の「少子高齢化と社会保障」の学習から，日本の今後の社会保障や高齢者福祉のあり方に課題意識をもち，諸外国との比較も含めて追究を進めることができました。また，財政の問題も含めて多面的・多角的に考察し，レポートにまとめることができました。
- 視覚・聴覚障害のある方から話を聞いたり，手話や点字について調べたりして，点字ブロックをふさがない，簡単な手話を覚えコミュニケーションを図るなど，自分たちにできる取組みについて話し合うことができました。
- 現代社会に存在する差別の問題について調べ，その不条理さについて意見交換する際に，道徳の時間に出されたいじめに関する意見も話題にしながら話合いを進めました。人権尊重の考えを深めたのと同時に，今後の自分の言動について決意を新たにしていました。
- 現代社会に存在するさまざまな差別の現状について調べ，意見交換を図るとともに，その不合理性について訴えるパネルディスカッショ

ンを企画運営し，クラスで人権について考える機会を設けることができました。

🖉 食糧自給率の世界各国と日本の現状について関心をもち，公立図書館で資料を収集し図やグラフを活用しながら新聞にまとめ，今後の我が国の食糧生産のあり方について根拠を明確にして主張することができました。

🖉 世界各国の食文化を調べ，それらの特色が一目でわかるようなパンフレットにまとめることができました。日本の食文化の特色や日本人の物の考え方についてクラスで話し合う際に有効な資料となっていました。

🖉 携帯電話やスマートフォンの技術の進歩について調べ，それらが私たちの生活にどのような変化を及ぼしたのかをレポートにまとめることができました。また，よりよい携帯電話やスマートフォンとの接し方について積極的に議論をすることもできました。

👀 主体的に学習に取り組む態度

🖉 地域に在住する複数の外国人の方をゲストティーチャーとして迎え，各国の生活や文化についてインタビューをすることができました。国によって生活や考え方にさまざまな違いがあることに気付き，共生社会の重要性についての理解を深め，レポートにまとめられました。

🖉 「高齢者の住みよい町づくり」を考えるにあたり，高齢者が何を最も求めているのかを把握するために，アンケートを作成し，地域のお年寄りや施設に配付，集約し，ニーズを分析する活動に意欲的に取り組みました。

🖉 追究課題に対して，インターネットを活用して多くの情報を収集し，比較検討する活動を繰り返す過程の中で，インターネット上の正確な情報の取捨選択の重要性や，情報社会を生きるために必要な態度や考え方についても意識を高めることができました。

● 地域や学校の特色に応じた課題

知識・技能

- 「〇〇町の魅力を発信しよう」という課題に基づき，〇〇町のアピールしたい点を強調したガイドブックを作成し，インターネット上で発信して，さまざまな意見や情報を得ることができました。
- 地域に伝わる伝統芸能について調べるにあたり，地域の方にインタビューするために，事前にその日時や内容を調整する仕事に進んで取り組むことができ，スムーズな取材につながりました。
- 「商店街を活性化しよう」という課題に基づき，自分たちの考えたプランについてプレゼンテーションソフトを活用してまとめ，商店会の方々に視覚に訴えながら効果的に発表し，意見交換をすることができました。
- 課題解決に向けて，自分の求める資料がなかなか収集できない場面では，根気強く班員に相談したり，先生に相談したりして入手の方法を見つけ出していけるとよいでしょう。
- 過去の震災でのブロック塀の倒壊など，被害について調べ，それらを踏まえて自分たちの住む町でフィールドワークを行い，震災発生時の危険な箇所について安全マップにまとめることができました。

思考・判断・表現

- 自分たちの住む市の過疎化の現状を知り，その深刻さに驚き「〇〇市の町おこしを図ろう」という課題を設定しました。活性化に向けたアイデア，人口流失を食い止める方策をグループで真剣に話し合うことができました。
- 地震や風水害に対して，日頃から備えるべきことや，また，いざ避難所で生活することになった際の共助のあり方に課題意識をもち，消防署や市役所防災担当課に取材に行き，パンフレットにまとめ，わかりやすく説明することができました。
- これまでのさまざまな地域の震災後の復興や町づくりの再興につい

て調べ，自分たちの住む町を振り返り，災害に強い町づくりについてモデルを考えることができました。また，市役所の担当課の方にプレゼンテーションをし，高評価を得ることができました。

主体的に学習に取り組む態度

- 「花いっぱいの町づくりをしよう」という課題に基づき，花の苗を育て，地域の公共施設に配付する取組みを行いました。それによって，地域の一員としてよりよい町づくりに向けて，日々活動していこうという意識を高めることができました。

- 地域の先人の偉業について調べました。その取組みが現代の生活にも恩恵を与えているのと同時に，地域の人々の誇りとなっていることに気付き，自身も地域の発展に貢献していきたいという意識をもつことができました。

- 地域の伝統芸能である「○○囃子」を受け継ぎ活動されている保存会の方々をゲストティーチャーとして招きました。その際，その歴史をインタビューしたり，太鼓の演奏を体験したりすることを通して，地域の伝統を継承する大切さに気付き，郷土を愛する心情を深めることができました。

- 地域に伝わる伝統芸能を調べたり，体験したりすることを通して，その伝統芸能に込められた地域の人々の願いや，地域の歴史に触れることができました。郷土を愛する心情を深めるとともに，自分も地域の一員として，継承していくことの大切さに気付きました。

- 地域の方言や，日本各地方の方言を調べ，それぞれの特色をまとめたり，みんなと会話してみたりする活動を行いました。そのことを通して，方言を大切にする意識を高めるとともに，ふるさとに対する愛着を深めることができました。

- 課題に対する調査方法について班員と意見が合わなかった場面でも，根拠となる資料を準備し，根気強く丁寧な話合いを積み重ね，合意形成を図り，調査活動を推進することができました。

総合的な学習の時間

● 生徒の興味・関心に基づく課題

知識・技能

- 「京都・奈良の歴史，産業，文化について調べよう」という課題では，インターネットを使って直接現地の中学生とコンタクトを取り，必要な情報を収集したり，自分たちの住んでいる地域との違いについて意見の交換をしたりすることができました。
- 地域にある古墳の造られた年代を調査しようと，現地で大きさを測ったり写真を撮って形状を確認したりして，書籍の資料を基に予想を立てました。そして，博物館の学芸員の方にその予想が正しいか助言をいただき，レポートにまとめることができました。
- 地域の戦争を経験したお年寄りに，当時の人々や子どもたちの生活について取材をしました。その内容を報告する活動を通して，生命・平和の大切さや，二度と戦争を繰り返してはいけないことを訴えることができました。
- 表計算ソフトを活用し，調査で集めたデータの合計値や平均値を算出することができました。先生の助言を受け，グラフ化してデータをまとめる工夫も加え，読み手にわかりやすい資料を作成できました。

思考・判断・表現

- 地理の学習から世界各国の言語の特色について関心をもちました。インターネットや書籍を使って調べることを通して，地域によって関連性があることに気付き，特色をレポートにまとめ発表できました。
- 社会科の「世界のさまざまな地域」の学習から世界情勢に関心をもち，現在も進行している国際紛争について，その現状や原因を追究する活動を通して，世界平和の重要性について再認識することができました。
- 技術・家庭科の情報の分野で学習したプレゼンテーションソフトの

- 活用法を生かしながら，班で調べた資料を見やすく整理し，自分たちの考えを強調しながら，効果的に研究内容を発表することができました。
- 戦争体験の語り部の話を聞くことを通して課題意識をもち，市内に残る戦跡を実際に訪れ調査し，地図にまとめました。平和の尊さを強く訴えながら，クラスメイトに発表することができました。
- 生け花の体験活動を通して華道の歴史や花の生け方の種類，さらにはフラワーアレンジメントにも関心をもち，華道の先生に取材できました。調べたことを生かし，生け花の作品作りにも意欲的に取り組みました。
- 毎日通学路で見かける駅前の放置自転車について，何とかなくすことができないものかと関心をもちました。商店街の方や市役所の方に取材をし，意見を求めながら，ポスターに表現し，配付することができました。
- 自分で見付けた課題を解決するために探究する活動の中で，自分の学習の仕方を適切に自分で評価するとともに，班員同士で互いに評価し，その結果をしっかりと分析しながら，次の学習活動の方向性を修正していくことができました。

主体的に学習に取り組む態度

- 歴史学習から地域に残る城について関心をもちました。班員とともに，その築城当時の歴史的背景や，今日まで現存させてきた経緯について書籍で調べたり，博物館の学芸員に取材したりして，協力して新聞にまとめることができました。
- 自分で見付けた課題を解決する場面では，理科，社会で学んだ知識を活用したり，数学で学んだ統計処理の技能を活用したり，また，国語で学んだプレゼンテーションの方法も活用したりと，各教科で学習した内容を総合的に関連付けて意欲的に学習を進めることができました。

● 職業や自己の将来に関する課題

知識・技能

- コンビニエンスストアでの職場体験活動を通して，接客のマナーや品物の仕入れ販売，管理などの工夫について学ぶことができ，企業の顧客に対する意識や仕事への向き合い方を深く理解することができました。
- 福祉施設での職場体験活動を通して，障害者に対する福祉の現状について関心を高め，さまざまなユニバーサルデザインの取組みを調査し，ノーマライゼーションの社会の創造についての理解を深めることができました。
- 班での話合いがまとまらず，学習が思うように進まない場面では，リーダーとして班員の意見のよいところを相互評価するよう助言をされたところ，実際に班員同士で認め合うことを通して，その後の話合いを円滑に進めました。
- 有機農業に取り組む農家での職場体験を通じて，農業に従事する人が消費者のために，食の安全について真剣に考え，より安心で安全な食糧を供給できるよう日々研究をし，工夫を積み重ねていると理解することができました。

思考・判断・表現

- 保育所での職場体験活動を通して，保育士や保護者の方との会話の中から，待機児童問題に関心をもちました。県内の待機児童の現状と課題について調べ，自分なりの対応策の案を考えることができました。
- 職場体験活動を通して，班の課題となった「社会人として必要な資質」について話し合う際に，ホワイトボードを活用し，協議の論点や出された意見をわかりやすく整理し，話合いを深めることができました。
- 自分の将来就きたい職業についてクラス全体で互いに紹介し合い，

- 自分と友達との職業観の違いについて話し合い，意識を高め合う討論会を企画することができました。討論の柱を整理しながら進行し，真剣に考え話し合える時間をみんなに提供できました。
- 日頃から利用している地域のコミュニティーセンターの仕事に興味をもち，そこで働く方に自主的にインタビューをすることができました。地域の人たちが健康で文化的な生活を営めるようさまざまな事業を実施していることを詳しくレポートにまとめました。

主体的に学習に取り組む態度

- 消防署での職場体験活動を通して，消防士の人命を守る使命感や仕事へのやりがい，厳しさにも触れました。自分自身の特性や意志も振り返りながら，将来の職業観や職業選択について真剣に考える機会となりました。
- 「プロスポーツ選手から学ぼう」の学習では，現役の選手から子どもの頃の夢やプロになるまでの努力について話を聞くことができ，自分の夢を実現するまでにはどういった過程を踏んでいけばよいかについて考えを深めました。
- 地域の起業家の話を聞くことを通して，将来の職業選択には幅があることに気付きました。自分の適性にあった職業を見付けようと課題意識を高め，さまざまな職業について調べを進めていくことができました。
- 生の仕事現場で社会人から直接の指導を受けながらの職場体験活動を通して，大人の職業に向き合うひたむきな姿勢を強く感じることができ，将来の職業観について考えを深め，文章に表現することができました。
- 職場体験活動が，働くことの意義や職業観について見直すきっかけとなり，自分の将来の生き方について考え，レポートにまとめました。また，クラスメイトと互いの考えを積極的に交流することができました。

特別の教科 道徳

所見記入時の留意点

❶ 道徳科で評価するのは,「学習状況」や「道徳性に係る成長の様子」です。これを記述式で評価します

学習活動を通じた学習状況では,①より多面的・多角的な見方へと発展しているか,②道徳的価値の理解を自分自身との関わりの中で深めているかに着眼します。

さらに道徳科で養う「道徳性」は,1時間の授業では簡単に身に付かず,容易に判断できるものではありません。したがって,道徳性に係る成長の様子は,学期や年間という長い期間を通して身に付くものであり,これをとらえて全体的な評価をします。

❷ よい点,伸びた点を書いて励ます評価をします。ほかの生徒と比べて評価するものではありません

道徳科では,生徒の長所,成長を認めて励まし,勇気付ける個人内評価を行います。道徳性の発達が遅い生徒でも,よい点,伸びた点が必ずあるはずです。もちろん,他者と比べることはせず,どれだけ道徳的価値を理解したかの基準を設定することもありません。

❸ ある授業のエピソードや学期・学年での特徴・進歩を,生徒・保護者に伝えます

指導要録では,1年間という一定のまとまりの期間での特徴や進歩を記述することになりますが,通信簿では,学期やある時間の授業の特徴的なエピソードを書いて,生徒を励まして自己評価を促したり,保護者に伝えたりすることが大変有効です。

❹ 知識・技能は,「道徳的価値の理解」に対応します

各教科のように単に概念として理解するのではなく,自己を見つめたり交流や話合いを通したりして,現実生活で「生きて働く知識・技能」として習得されたときに評価します。

❺ 思考・判断・表現は，道徳的問題について，「物事を広い視野から多面的・多角的に考え，人間としての生き方についての考えを深める」に対応します

　道徳的問題を主体的に考え判断し，対話的・協働的に議論する中で，「自己の生き方」を思考・判断・表現しようとしたときに評価します。

❻ 学びに向かう力，人間性等は，「よりよく生きるための基盤となる道徳性」に対応します

　「主体的に学習に取り組む態度」として観点別評価を通じて見取ることができる部分と，「人間性等」のように感性や個別の道徳的価値観が含まれるため観点別評価や評定になじまない部分があります。したがって，どのように学びを深めたかは個人内評価で見取ります。

　道徳科では，育成する道徳性を各教科等のように3つの資質・能力で単純に分節することはできません。

❼ 道徳科の評価が基本ですが，道徳教育の評価を記述する場合もあります

　通信簿の道徳欄は，道徳科の授業を中心とした評価の記述が基本となります。ただし，学校の方針によっては，学校教育全体を通した道徳教育の評価も記述する場合もあります。

❽ 記入事項の説明責任を果たせるようにします

　道徳の評価においても，なぜこのような評価になったかを問われたときに，具体的に説明できなくてはなりません。そのために大切なものが，評価の元となる道徳ノート，ワークシート，観察記録などの資料です。

❾ 評価は一人で行わず，学校として組織的・計画的に行います

　道徳の評価には，学習評価の妥当性，信頼性を担保することが重要です。学校として組織的・計画的に行う「チームとしての評価」は，これを担保する一つの方法です。

特別の教科　道徳

👀 知識・技能

- 自ら考え，判断し，実行することの意味を知るとともに，自己の行為の結果に責任をもつことの大切さを理解するようになりました。
- 人それぞれに必ずその人固有のよさがあることに気付き，自己を肯定的にとらえ，優れている面の発見に努め，より輝かせようと考えを深めています。
- 人間がもつ弱さの一面と対極にある強さについて話し合い，誰もがどちらももっているという認識を深めています。
- コミュニケーションをとることが他者理解に通じ，ひいては国際理解・国際親善に通ずることに気付き，グローバルなものの見方へと考えを深めています。
- 登場人物の葛藤や気持ちの揺れについて考える中で，自分だったらという気持ちで常に自分の問題として考えようとしています。
- 「明かりの下の燭台」では，マネージャーとして選手たちを献身的に支えた姿を部活動の自分と重ね合わせて考え，役割を自覚し責任を果たすことは集団向上に結び付くと理解し，考えを深めました。

👀 思考・判断・表現

- 毎時間の授業の話合いを通じて，いろいろな考えがあることを理解し自分の考えと比べることで，より深く考えようとしています。
- 小グループの話合いで，自己を見つめる視点を変えることで自分のよい面をとらえることができることに気付き，新しい見方を獲得しようとしています。
- 友情についての議論で，それぞれが考える真の友情はさまざまであることに気付き，改めてお互いに高め合える友情を築いていきたいという思いを強くもちました。

特別の教科　道徳

- いじめ問題を人権問題の重要な課題の一つと考え，自分に何ができるか，友達と考えようとしています。
- 問題を解決する過程で，比較したり理由や根拠を挙げたり，批判・吟味したりして，多面的・多角的に考えています。
- 自他の意見を取り入れて，根拠に基づき協働して創り出そうとしています。
- 自分の見方だけにこだわらず，多角的・多面的な見方ができるように発展しました。
- 「六千人の命のビザ」では，国の命令に背いてビザの発給を行った杉原さんの思いを考え合い，正義を実現することでよりよい生活や社会を実現していこうという思いを強くしました。

主体的に学習に取り組む態度

- 自分を見つめ，話合いを通して，積極的にこれからの課題や目標を見つけようとしています。
- 自らを振り返って成長を実感したり，見通しをもって学習改善に向かって，自らの学習を調整したりしようとしています。
- 道徳の授業で学んだことを，日常の生活やほかの授業につなげていこうとしています。
- 1年を通して，どのような自分になれたか振り返り，新たな自分の目標を設定し直そうとしています。
- 人間としての生き方に関わる発言をしながら，よりよい自己実現を図っていこうと自己調整しようとしています。
- ゲストティーチャーの生き方に触れ，これまでの自分を見つめ直し，社会との関わりから自分の生き方を考えようとする態度が育ってきました。
- はじめはワークシートに感想を書いているだけでしたが，授業を重ねるごとに自分なりの考えや自らの生き方を書くようになり，学校生活でも実践しようとする態度が育ってきました。

第2章 行動・特別活動の所見文例

所見記入時の留意点

❶ 日常的な観察によって豊富なデータを収集します

　学習についてよりも，行動や特別活動についての方が，客観的なデータを収集し，適切な表現をするのは困難です。行動については項目ごとに，特別活動については内容ごとに，生徒それぞれについてきめ細かいデータを収集し，整理をして記入に備えることです。

❷ 長所をほめることから書き始めます

　行動については，項目で優れているところを，特別活動では内容について活動ぶりの優れているところを，その様子がよくわかり，うれしくなるように書きます。すべての生徒に，長所は必ずあります。

❸ 欠点については努力の仕方を書きます

　欠点だけを決めつけるように書くのは最悪です。まず長所を書き，欠点はその後へ書くようにします。それも，欠点の指摘は避け，こうすればもっとよくなるといったように，努力の仕方と励ましを書きます。

❹ 進歩・発達の様子を書きます

　よいところへの目の付け方は，長所に目を付けるのと進歩・発達に目を付けるのとあります。2学期，3学期はこの点も書きます。このためには，その時点，その時点でのデータをしっかり収集し，比べることです。

❺ わかりやすく，具体的に書きます

　これは，所見を書くときには，どの欄でも同様です。しかし，特に行動については，項目名をそのまま使ったり，専門用語を使ったりしがちです。生徒の様子がよくわかるように具体的に書くことです。

❻ プライバシーの侵害，差別にならないように気を付けます

　学習の所見と比べると，プライバシーの侵害や差別になりやすいものをたくさん含んでいます。そのために，教師が意図しないにも関わらず，表現によっては保護者や生徒の心を傷付け，さらに教師が法的に責任を問われることもないとはいえません。所見を書くときには，用字，用語，内容に格別な配慮をすることです。

基本的な生活習慣

生徒の様子　言葉遣いや態度に節度があり，好感のもてる生徒

[所見文例]

✏ 誰に対しても分け隔てなく，丁寧な言葉遣いや心優しい態度で接することができ，クラスメイトから信頼されています。これからもこの気持ちを大切にしてください。

✏ 生活委員として，朝のあいさつ運動から，放課後の点検活動など，一生懸命活動する姿が見られました。そのおかげで，クラスや学年全体にあいさつの輪が広がりつつあります。これからも，生活向上のためにみんなのモデルとして活躍してくれることを期待しています。

 POINT

具体的に好感がもてる姿を示し，自分のよさを感じられるように評価したい。さらに，周りの生徒のモデルになるように促していきたい。

生徒の様子　計画性をもって有意義な生活を送る生徒

[所見文例]

✏ テスト前の学習計画がしっかりと立てられ，着実に実行に移している行動力に感心しました。そのことがすばらしい成績につながっています。この調子で，自分の実力を更に伸ばしていきましょう。

✏ 球技大会では，体育委員として走る順番を決めたり，チーム分けをしたりするなど，計画的に準備を行ってくれました。その頑張りがクラスの優勝というすばらしい結果に結び付きました。これからもさまざまな役割でクラスを引っ張っていってください。

 POINT

計画的に学習や生活をしているなどリーダー的な存在の生徒には，更に大きな力を発揮できるように，具体的な表現で活躍を認め，伸ばしていきたい。

基本的な生活習慣

生徒の様子
授業態度や学習習慣が身に付いている生徒

[所見文例]

- 授業中私語もなく,どの教科にも熱心に取り組み,成果を上げることができました。その態度は,クラスのよい見本となっています。これからもこの姿勢を忘れずに,更に頑張ってください。
- 予習や復習をきちんとやる習慣が身に付いています。授業中も先生の話を真剣に聞き,自分に合ったノートの取り方を工夫していました。このような努力を続けることで,着実に力が付いてくることでしょう。

 POINT

授業態度や学習方法を評価し,いまのままの努力を継続していけば,確実に力が付いていくということを助言したい。

生徒の様子
規則正しい生活ができていない生徒

[所見文例]

- 元気に学校生活を送っていますが,今学期は少し遅刻が多かったのが気になりました。自分自身で生活のリズムを整えるとともに,家を出る時間をあと5分早くするなど,工夫してみてはどうでしょうか。
- 午後の授業は熱心に聞いています。ただ,午前中はあまり元気がないことが多く,心配しています。睡眠時間は十分に取れているでしょうか。早寝早起きを心掛け,生活リズムを整えましょう。

 POINT

生活のリズム全体が崩れている生徒には,気に掛けていることを伝えつつ,簡単にできそうなところから助言するとよい。

行動

基本的な生活習慣

生徒の様子 忘れ物が多く，提出物が遅れる生徒

[所見文例]

- せっかくきちんと宿題をやっても，宿題を持って来るのを忘れることが多くありました。授業の準備や宿題，提出物は，毎日きちんと点検し，早め早めに準備しましょう。
- 各教科の先生の話をしっかり聞き，メモを取る習慣を身に付けましょう。これが忘れ物を少なくする一番の方法です。朝は忙しいので，寝る前に明日の準備の点検をする習慣を付けるようにしましょう。

POINT

どうして忘れ物をしてしまうのかに気付かせ，忘れ物を減らし，提出物をチェックできる具体的な方法を助言することが必要である。

生徒の様子 落ち着きがなく，集中力に欠ける生徒

[所見文例]

- ユーモアにあふれ，常にクラスを明るい雰囲気にしてくれているところがすばらしいです。ただ，授業中の私語が多いのが気になります。休み時間と授業中の区別をしっかり付けるようにしましょう。
- 光の反射の実験では，レーザーポインターの光が鏡に反射する様子を熱心に観察ができていてすばらしかったです。その集中力をさまざまな教科で生かしていきましょう。

POINT

集中できている部分を評価し，授業を聞いていなかったり，私語が多かったりする生徒には，集中できる場面を増やせるよう助言していきたい。

健康・体力の向上

生徒の様子
体育や部活動に積極的に取り組んでいる生徒

[所見文例]

- 試合の翌日「○さんが初ゴールを決めましたよ」と顧問の先生から報告を受けました。日頃,一生懸命練習している成果が本番で出せたことがうれしいです。更なる活躍を期待しています。
- 体育大会での活躍は,本当にすばらしかったです。応援団長としての当日のパフォーマンスは,本番に向けて精一杯練習した成果が出せました。これを機会に,いろいろな面での活躍を期待しています。

POINT

日頃から積極的に体育教師や部活動の顧問から情報を入手し,整理しておき,頑張っている様子を具体的に伝えることが大切である。

生徒の様子
健康に関心が高く,調和のとれた生活ができている生徒

[所見文例]

- 朝食を毎朝きちんと摂ってくるなど,規則的な食習慣が身に付いています。また,給食委員として,毎日食前の号令や片付けなど熱心に活動しました。この頑張りをさまざまな場面に生かしてほしいと思います。
- 日頃から自分の体調管理ができているだけでなく,保健委員としての仕事もきちんとこなし,クラスメイトの体調管理にも一役買っていました。特に健康づくり週間の頑張りはすばらしかったです。

POINT

自分自身でしっかりとした生活ができていることを認め励ますことが大切である。さらに,学習やクラスのことに生かせるような助言をしたい。

行動

健康・体力の向上

生徒の様子
生活習慣に乱れがみられる生徒

[所見文例]

- 毎朝，先生方にしっかりあいさつをしていました。遅刻をしそうな日が多かったので，まず，睡眠時間を十分に確保し，早寝・早起き・朝ご飯の生活リズムの中に取り入れてみましょう。

- 根気よく頑張れば，いろいろな面で伸びる力をもっているのに，集中力のないときがありました。寝る時間を早くするなど，自分の生活について，見つめ直してみてください。自分を伸ばすためには，学校生活を充実させることが必要です。

POINT

睡眠不足などの生活リズムの乱れが原因の生徒が多い。具体的なアドバイスをしながら，できるところから取り組ませたい。

生徒の様子
運動が嫌いで体力面に課題のある生徒

[所見文例]

- 読書などには大変意欲的に取り組んでいました。手軽な運動を日常生活の中に取り入れて，自分にできることを自分なりに精一杯行い，体の調子を整えると，更に充実した学校生活が送れると思います。

- 今学期は1日も休まず登校することができましたが，体育の時間に見学が多くなりました。体調の悪いときには，無理をする必要はありませんが，できる限り体育の授業に参加し，体を動かすことの心地よさ，楽しさを味わってみましょう。

POINT

運動は，優劣が一目でわかる分野だけに，うまくいかないと劣等感をもちやすい。身体の弱い生徒には配慮しつつ，勇気をもって一歩踏み出せるように促していきたい。

健康・体力の向上

生徒の様子
飲酒・喫煙などの疑いのある生徒

[所見文例]

- イライラしたり，悩みを抱えたりしているようです。その影響から，生活態度のことで注意を受けることが多くなってきました。自分を大切にするためにも，ダメなものはダメであるという区別を付けましょう。

- 友達と仲よく遊ぶことは悪いことではありません。ただし，やってよいことと，悪いことの区別は付けましょう。たとえ仲のよい友達から誘われても，悪いことははっきりと断る勇気が大切です。

 POINT

心が満たされておらず，好奇心や友達からの誘いで手を出してしまう生徒が多い。生徒の気持ちを受け止めながらも，ダメなものはダメであることを明確に示したい。

生徒の様子
健康上の理由で欠席しがちな生徒

[所見文例]

- 欠席の日数などは気にせず，まずは，しっかりと病気の治療に専念してください。健康な体を取り戻すことがいまは一番大切です。クラスのみんなも応援しています。不安なことがありましたらいつでも連絡ください。

- 中学生は人生を24時間とすると朝の5時です。これから朝日が昇る時間なのです。まずは健康の回復に努めてください。いまは，それが一番大切です。焦る必要はありません。体さえよくなれば，再び楽しい学校生活が送れるようになります。

 POINT

学校に行けないもどかしさや焦る気持ちがある生徒には，その気持ちに寄り添ったアドバイスを心掛けたい。

行 動

自主・自律

生徒の様子
より高い目標を目指し，根気強く努力する生徒

[所見文例]

- 学習に対して，目標を立てて，それに向けて根気強く取り組み，結果を出してきました。そして更に上の目標に向けて次に生かすことができていました。この調子でこれからも頑張っていきましょう。
- 係活動や部活動を頑張っている中，自分のペースを守って学習していくのは大変だと思いますが，日常的にそれができていることがすばらしかったです。この調子で，コツコツ努力していきましょう。

POINT

地道に努力している生徒について的確に評価することを心掛けるとともに，更に継続できるよう励ましたい。

生徒の様子
自らさまざまな活動に前向きに取り組む生徒

[所見文例]

- さまざまな活動に，目標をもって取り組むことができました。リーダーとして，周りの人たちを引っ張ってくれていることで○さんだけでなく周りも成果を上げています。自信をもって，更に自分を伸ばしてください。
- 他人の嫌がる仕事にも，積極的に関わろうとしてくれます。その頑張りが認められたことで，ボランティア活動の委員に推薦されました。これからも自分ができるさまざまなことにチャレンジしてください。

POINT

ものごとに積極的に取り組む姿勢を評価する。なかなか自信がもてずにいる生徒には，教師や友達が認めていることを伝えることが，安心感や自信につながる。

自主・自律

生徒の様子 他者に左右されず自分の考えや意見をもっている生徒

[所見文例]

🖊 友達との関係を大切にしながらも，自分の意見はきちんと主張している姿がすばらしかったです。その自立した態度が，周りの人に影響を与え，クラス全体のよい雰囲気をつくっています。

🖊 ものごとを冷静に見つめ，しっかりと判断できる姿が，クラスの中で大変信頼されています。その姿に心の強さを感じます。その姿勢を大切にして，これからもみんなの気持ちを大切にしながらクラスを引っ張っていってください。

 POINT

自分の意見をしっかり主張できる生徒には，正しいことを正しいと言える姿勢や周りによい影響を与えていることを，教師が認めていると伝える。

生徒の様子 主体性が乏しく，指示がないと行動できない生徒

[所見文例]

🖊 頼みごとをするといつも快く引き受け，しっかりそのことを行ってくれました。係の仕事にも同じように，より積極的に自分の役割を果たしていけるとよいと思います。期待しています。

🖊 遠足の班行動では，班員と協力して活動し，安全で楽しい遠足とすることができました。みんなを引っ張る力をもっています。この経験をもとに，次回は進んで班のリーダーを引き受けてくれることを期待しています。

 POINT

指示されてできた部分は評価する。その上で，「次は自分から進んで」という意欲をもてるように具体的に提案していきたい。

行動

自主・自律

 生徒の様子
自分の将来や生き方を考えようとしない生徒

[所見文例]

- 充実した１学期を過ごしました。いよいよ進路決定本番を迎えます。夏休み中は，ご家族と進路のことをじっくりと話すよい機会です。その中で，自分の将来に向けた考えをしっかりと固めていきましょう。
- 職場体験活動では，自分の役割をきちんと果たすことができました。自分の将来の夢が明確になると，いまの生活の大切さが改めてわかります。これを機会に自分の未来を思い描いてみましょう。

 POINT

中学校生活に慣れ，目標が学習面に偏りがちになった生徒には，将来を見据えた生き方など学習面以外の目標をもたせるようなアドバイスをしたい。

 生徒の様子
その場の雰囲気や他者の意見に流されやすい生徒

[所見文例]

- 友達と元気に毎日を過ごしていましたが，ときどき友達の考えに引きずられてしまう場面が見られました。自分の考えをしっかりともつことを大切にし，周りの人たちともよい友情を育てていきましょう。
- 話合い活動では，友達の意見をよく聞くことができました。ただ，周りの人の考えに振り回される場面が見られました。落ち着いて考える習慣を付けるように心掛けると，なお力が発揮できると思います。

 POINT

他者の意見を取り入れる柔軟性を認めた上で，周りの人に振り回されない自分をつくることの大切さをアドバイスする。

責任感

 生徒の様子
積極的に仕事を引き受け，しっかりとやり遂げる生徒

[所見文例]

- 学級委員に自ら立候補して，よく頑張ってきました。ときには友達から十分な協力を得られないようなこともありましたが，大事なことを見失わずにやり遂げている姿が友達に伝わり，後半はクラスがよくなってきました。
- 陸上競技大会の種目決めでは，長距離走を自分から引き受けてくれました。クラスのことを思って決断し，挑戦してくれたことはすばらしく，また見事に完走したことが立派でした。

 POINT

意欲的で積極性をもっていることを評価し，たとえ失敗したとしても次に生かせるという安心感を与えたい。

 生徒の様子
引き受けた仕事を確実に成し遂げる生徒

[所見文例]

- 生徒会役員立候補が決まらないでいたとき，○さんを見込んでお願いしたところ，引き受けてくれました。当選後は，役員としての職責を立派に果たし，多くの生徒の信頼を得ている姿が輝いて見えました。
- 部員のみんなから推薦され，部活動の部長を引き受けました。日々，誰よりも早く活動を始め，終わりの片付けまでしっかりやる姿は，後輩から信頼され，部員と顧問の先生から高く評価されています。

 POINT

学校生活の中の係や委員，また役割や仕事で，誰もやりたがらないものを，状況を見極め，引き受ける姿勢を評価したい。

責任感

生徒の様子
能力はあるのに役割や立場を避けたがる生徒

[所見文例]

- 学級委員をしてほしいとお願いされるほど、みんなは○さんのよい点を認めています。次にお願いされたときには、引き受けて取り組んでみることであなたらしさをみせてください。
- 何かお願いされるほど信頼されています。自分には無関係のような素振りをみせるのではなく、もっと心を開いてやってみてはどうでしょう。失敗も含めてやってみることが、自分を大きく成長させます。

POINT

人からほめられるほどの力があるのに、それを使わない要因としては、労を惜しむ、失敗を恐れる、などが考えられる。自分を伸ばす機会をつかむよう背中を押したい。

生徒の様子
自分から引き受けた仕事が中途半端な生徒

[所見文例]

- 文化祭実行委員を進んでやると申し出てくれて、ありがとうございます。その意欲はすばらしいことでしたが、休みが多かったです。フォローしてくれた人への感謝を忘れずに、この経験を次回へ生かしましょう。
- 文集委員の仕事は大変なのに、よく引き受けてくれました。ただ、原稿依頼だけでなく、締切を過ぎた原稿の督促もあなたの仕事でした。今回は友達が手伝ってくれて事なきを得ましたが、詰めの仕事も大切です。

POINT

仕事を引き受ける意欲を認めつつ、「やる」と言ったからには最後までやり遂げるという責任の重さにも気付かせたい。

責任感

【生徒の様子】
指示されなくても自発的に仕事に取り組める生徒

[所見文例]

- 教室の黒板が汚れていると、自ら進んできれいにしてくれました。自分の役割であるとかないとか関係なく、「きれいな黒板はみんなが気持ちいいはず」と言いながら、自然にやってくれる姿にいつも感謝しています。
- みんなが帰った後に、教室の美化に努めてくれたことにとても感謝しています。なかなかできることではありません。あなたがどれほどクラスを愛しているか、尊い行いだと感心するばかりです。

 POINT

よく気が付いて自分から動ける生徒には、ほめることで責任感のある行動を強化したい。

【生徒の様子】
見ている人がいないと仕事の手を抜く生徒

[所見文例]

- 清掃班長のときは、テキパキと指示をしてとてもよかったです。ただ、指示しているだけの場面を見かけたことがありました。いつでも自分から動くことができると、いっそうクラスメイトの信頼を得られるでしょう。
- 給食当番を頑張っている場面を見て感心していましたが、先生がいないと手を抜くこともあったようです。ともに生活するクラスメイトから感謝されるような行動を心掛けましょう。

 POINT

自分の行動は、見られていないようでも他者から見られているものであるので、自己に恥じない行動が責任を果たすことを伝えたい。

行動

責任感

生徒の様子 指示されないと仕事に取り組めない生徒

[所見文例]

- 部活動の役員になって，毎日よく活動をしています。ただ，指示のないときの活動は，うまくできないこともあったようです。役員同士で話し合い，自分たちで決めたことをやりきることも大切です。
- やり始めればきちんとやり遂げることができていましたが，学習をはじめ諸活動において，とりかかりが遅れがちでした。そのときやるべきことに集中し，後に余裕がもてるような取組みを心掛けましょう。

指示された仕事を取り組めることは評価しつつ，自分のやるべきことを判断することの大切さに気付かせ，主体的に取り組む意欲を引き出すよう助言したい。

生徒の様子 提出物や宿題の期限が守れない生徒

[所見文例]

- 授業中は，よく聞き，書き，また必要なことは応答できましたが，多くの教科で宿題の提出が遅れがちでした。やればできるのですから，やるべきことを先に片付けて責任を果たすことのよさを知ってほしいです。
- 毎日の生活ノートに，明日の授業の用意をきちんと記入していましたので，帰宅後まずそれを見て準備しましょう。家庭への配布物もその日のうちに渡し，準備するようにしたら，期限を守ることができるでしょう。

提出期限が守れず注意を受け嫌な気分を味わうことに気付かせ，期限を守るという責任を果たすことのよさを味わう方向へとアドバイスをする。

責任感

生徒の様子 他者のミスをカバーし責任を負おうとする生徒

[所見文例]

- 部活動で,部員がやるべきことをやらずに顧問の先生から厳しく注意をされたとき,仲を取りなすかのように,自分が助言できず手伝いもしなかった非を告げ,ともに反省をしていた姿は,実に立派でした。
- 生徒会活動で,後輩役員が全校生徒に趣旨説明をすると,不満の声が上がるのを耳にし,説明をその時点から引き継ぎました。その折,後輩のミスを責めずに説明を続け,全校生徒から了解を得たのは見事でした。

POINT
本来は自分の責任ではないのに,他者のミスを責めず,むしろ声をかけたりフォローできなかったりした自分に責任を感じるほどの心遣いを評価したい。

生徒の様子 級友を大切に思い,やるべきことを実行できる生徒

[所見文例]

- 合唱コンクールの練習が行き詰まったときに,自然な笑いを誘うようなユーモアを披露してくれました。そのおかげで,クラスの雰囲気が和らぎ,またクラスメイトにやる気をもたせてくれ,すばらしい合唱となりました。
- 部活動で,後輩に指示ばかりして先輩の役割を果たしているつもりになることもなく,道具の片付けなども後輩と一緒にして,よきリーダーとして振る舞えました。後輩は真の先輩の姿をあなたに見たことでしょう。

POINT
集団の中で問題が起こると,責任追及などになることが多い。いち早く問題解決に必要なことを見つけ,実行していくその行動力を称賛したい。

行動

創意工夫

生徒の様子
発想が柔軟で，多面的な思考ができる生徒

[所見文例]

- 学習や話合いのときに，みんなが感心するアイデアを出しています。アイデアや発想を柔軟に働かせる力は，さまざまな問題の解決に役立ちます。この力は，いろいろな学習にも生きていきます。今後も意識して取り組んでいきましょう。

- 職場体験学習の実習後，「お客さんが自分の接客についてどう思ったか」という発表をしました。○さんにはなにごとも相手の立場で考えてみるなど，視野を広げ多面的にものごとを考える力があります。今後も伸ばしていきましょう。

POINT

アイデアを出すことができた姿を具体的に取り上げる。柔軟な発想や多面的な思考が，問題解決に結び付いていることを伝えたい。

生徒の様子
自ら問いを立て，探究しようとする生徒

[所見文例]

- いろいろなことに興味をもち，自ら問いを立て，疑問に思ったことを質問したり調べたりする力があります。試行錯誤しながら探究的に学習活動に取り組んでおり，その意欲が生活全般にも生きています。更なる成長を期待しています。

- 郷土再発見の学習に興味をもち，創意工夫をして意欲的に取り組みました。学習課題を自ら設定し，友達と協力しながら課題に取り組もうとする姿勢は，ほかの教科の学習にも生きていました。これからも期待しています。

POINT

試行錯誤しながら学習に取り組んだ姿を具体的に取り上げる。興味関心が意欲に結び付いていることを認め，更なる発展を期待することを伝えたい。

創意工夫

生徒の様子
新しい考えや方法を取り入れようとする生徒

[所見文例]

- いろいろな活動で、新しい情報や相手の意見を上手に受容して、よい成果を上げることができました。新しい考えや多様な考えを取り入れ、自らの考えを広げ深めようとする姿勢は立派です。この調子で視野を広げていきましょう。
- 他者からのアドバイスを生かすことが上手です。素直さは、才能を伸ばすために必要なものです。学習でも新しい考えや方法をすっと受け入れることで、豊かな発想や表現を行うことができており、着実に力を伸ばしています。

 POINT

他者の助言や方法を取り入れた姿を具体的に取り上げる。前向きな姿勢を評価するとともに、情報を上手に活用して成長できていることに気付かせ、意欲を喚起したい。

生徒の様子
学んだことをほかの場面に生かそうとする生徒

[所見文例]

- 学習旅行のグループ活動では、「計画-準備-実行-振り返り」のプロセスを意識して、各段階でやるべきことにしっかり取り組みました。○さんはこのサイクルを美化委員会に活用することで、質の高い活動を実現させました。
- 理科で学習した気象の知識を、社会科の学習課題に応用することができました。すばらしいです。いろいろなことを関連付けて学習することで、学習効果は高まります。今後も効果な方法を活用して、学習を深めていきましょう。

 POINT

既習内容を応用して別の課題解決に取り組んだ姿を取り上げる。情報活用能力が高いことを認めるとともに、自らの力を伸ばしていることにも気付かせ、励ましたい。

行動

創意工夫

生徒の様子
困難に立ち向かい，解決のための工夫をはかる生徒

[所見文例]

- グループ内のトラブルを解決しようと，関係者の合意形成に粘り強く取り組みました。なかなか解決の糸口が見つかりませんでしたが，○さんのアイデアが解決のきっかけとなりました。その発想力は関係者からも高く評価されました。

- どのようにしたらよいかわからないというときにも，あきらめることなく頑張っていました。前例にとらわれることなく新しい取組みを提案する力は，クラスメイトから高く評価されています。この調子で力を伸ばしていきましょう。

POINT

困難に対して粘り強く取り組んだ姿を取り上げる。あきらめることなく，工夫しながら課題に取り組もうとしている前向きな姿勢を評価したい。

生徒の様子
アイデアが豊かでみんなをリードする生徒

[所見文例]

- クラスの話合いで率先してアイデアを出しました。○さんの発想に刺激を受け，クラスメイトからもたくさんのアイデアが出ました。それらを取り入れたことで，クラス全体の取組みに幅が出てきました。今後も発想力を磨いていきましょう。

- 一つの考えに固執せず，さまざまなものの見方をしています。グループでの話合いでは，いろいろな方向の考え方を提案して，常に班員をリードしていました。「○さんなら困ったときに相談できる」と，みんなからの信頼も厚いです。

POINT

課題解決に向けて，多角的に意見を表出している姿を取り上げる。発想の豊かさを認め，それが集団の質の向上に影響していることを伝え，励ましたい。

創意工夫

生徒の様子
発表に自分らしさを表現している生徒

[所見文例]

- 職場体験学習の発表会では,笑顔そして身振りを交えた発表で聞く人を引き付けました。すばらしい工夫でした。伝えたいことを確実に伝える力を磨くことは,学習や生活をよりよくすることにつながります。続けていきましょう。
- 生徒集会での報告では,みんなに伝わりやすい話し方を意識することができていました。真面目な話をいかに全校生徒に理解してもらうかは,生徒会活動とは切り離せない課題です。目に見える生徒会活動になることを目指してください。

 POINT

自分の意見を確実に伝えようとして,伝え方を工夫している姿を具体的に取り上げる。個性的な発表の様子を認め,表現する力が育っていることを伝え励ましたい。

生徒の様子
センスや特技を学校生活に生かしている生徒

[所見文例]

- 合唱コンクールではピアノ伴奏でクラスに貢献しました。放課後や帰宅後も熱心に練習した演奏が,みんなのすばらしい歌声を引き出しました。この経験を自信につなげて,○さんらしい表現を更に磨いていきましょう。
- 美術部の活動で作成したポスターは,○さんの持ち味が発揮された出来栄えで,新聞で紹介されるほどの評価を受けました。作成には大変な時間がかかったと思います。コツコツと集中して取り組む姿勢は大きな成果につながります。

 POINT

その子が関わった活動における具体的な成果を取り上げる。個人的に習得しているものを認め,またセンスのよさが学校生活に生かされていることを伝え励ましたい。

行動

創意工夫

生徒の様子
好奇心に欠け，取組み姿勢が消極的な生徒

[所見文例]

- 文化祭で大道具係を引き受け，みんなと協力してすばらしい舞台装置を仕上げました。あのときのいきいきとした顔が忘れられません。意欲的に取り組むことはよい結果を導きます。今後も○さんが活躍できる場面を用意していきます。
- 今学期の職場体験学習は充実した取組みでした。やってみるとおもしろいことはたくさんあります。思い切って取り組み，楽しさや充実感をたくさん経験してください。いままでと違う仲間ができ，○さんの力も伸びていくと思います。

POINT

取り組んできた姿と成果について取り上げる。少しでも前向きにできていた面に光を当て，積極的に取り組むことが充実感をもたらすことを知らせ，意欲を喚起したい。

生徒の様子
自分で課題を見付けることが苦手な生徒

[所見文例]

- 学級の話合いでリーダーが提案したように，「いまよりよくなろう」という気持ちで身の回りを見ると，改善点が見付かります。改善点を見付けることは成長への第一歩です。よりよい生活に向けて，積極的に課題を立てましょう。
- 改善点を見付ける取組みで苦戦していました。「このままでいいや」ではなく，「少しでも前進しよう」「伸びよう」という気持ちで見つめることで，課題や新たな取組みが見えてくるものです。一歩踏み込む姿勢を心掛けてください。

POINT

物の見方を変えてみることを助言する。向上心をもつことで，自らの課題や身の回りの課題に気付くことができ，よりよい生活ができるようになることを伝えたい。

創意工夫

生徒の様子
既成の概念や価値にとらわれ，批判精神に欠ける生徒

[所見文例]

- しっかりしたものの見方や考え方をしています。自分の視点に加えて，新しい方向からものごとを見てみると ときに意外な展開や発展があります。今後の活動の際は，「何か違う方法はないか」と考えてみるとよいかもしれません。
- 友達とも穏やかに付き合い，よい人間関係ができています。今後は人の話をそのまま受け取るだけでなく，ときには「こんなことも考えられる」と発言できると，お互いの考えが深まり，もっと発展的な人間関係になると思います。

POINT

現状の見方・考え方を肯定的に伝える。それまでに身に付けてきた価値観を否定するのではなく，新しい見方・考え方にも挑戦してみるようアドバイスしたい。

生徒の様子
学んだことをほかの場面に生かすことが苦手な生徒

[所見文例]

- 今学期は国語の漢字テストへの取組みがすばらしく，力を伸ばしました。この努力と成果を更なる成長へとつなげてほしいです。来学期は英語の単語力，数学の計算力の向上も目指して，練習を積み重ねていきましょう。
- ここまで，生徒会専門部委員長として計画的に取組みができ，成果を上げています。これまで培った計画を立てて実行していく力を，今後はクラス内の活動，そして学習にも生かしていき，更に学校生活を充実させましょう。

POINT

現状の姿と理想の姿を取り上げる。学んだこと・できたことを認め，具体的にほかの場面へ生かすようアドバイスしたい。

行動

創意工夫

生徒の様子
発想を転換したり多面的に考察することが苦手な生徒

[所見文例]

- 真面目によく努力していますが、今学期は行き詰まることもあったようです。そんなときは、一つの考えにとらわれないようにして、周りの人の声に耳を傾けたり、新しい視点を取り入れたりすると、うまくいくことがあります。
- 人の話を聞いたり、本を読んだり、新しい体験をしたりすると、ものごとに対する理解が深まり、幅広く考える力が付き、うまくいくことが増えるものです。また、困ったときは一歩下がってみるのも一つの手です。

 POINT

ものの見方を変えてみることを助言する。できないことを指摘するのではなく、できたことを認め、対処法を具体的にアドバイスし、意欲を喚起したい。

生徒の様子
自分のよさに気付いていない生徒

[所見文例]

- 生活ノートを欠かさず提出しています。なにごとも着実にこなしていく姿が大変立派です。コツコツと取り組んでいくことが自分の力を伸ばし、これからの学校生活を豊かにします。○さんのよさを成長につなげていきましょう。
- 誰とでも仲よく取り組めるのは○さんのいいところです。成果を人と比べるとまだまだと思うかもしれませんが、得意なことは人それぞれです。見通しを立てると不安が下がります。いまよりも自信をもって取り組めるといいですね。

 POINT

目立ちにくい成果や努力している姿を取り上げる。小さなことでも拾い上げ、認めてほめることで自信をもてるよう配慮したい。

思いやり・協力

生徒の様子
孤立しがちな級友に声をかけている生徒

[所見文例]

- 毎日の生活の中で、常にクラス全体に目を配っていました。さりげないあなたの一言でどれだけの生徒が救われたことでしょうか。クラスメイトへのあなたの優しい言葉がけをこれからも大切にしてください。
- 優しい言葉でクラスメイトに声をかけている姿を何度も見てきました。あなたの優しさがどれだけ多くの生徒の支えになったことかと思います。クラスメイトや部活動の部員など、多くの生徒が感謝しています。

POINT
クラスの中で、孤立しがちな級友に気付き、さりげなく声をかけていることに教師は気付いているというメッセージを伝えたい。

生徒の様子
自分の係活動以外のこともする生徒

[所見文例]

- いままでも任された係活動は責任をもってしっかりとできていました。さらに、今学期は自分の係活動を終えたとき、まだ終わっていなかった隣の係活動を手助けし、クラスメイトを助けることができました。
- 任された仕事だけでなく、自ら進んで気付いた仕事ができました。誰かがしなければならない仕事に気付き、そして実行できたことはすばらしいです。

POINT
自分に任されている係活動が、しっかりできているだけでなく、自分以外の仕事もできていることを称賛し、よりクラスで協力性を高めていることを伝えたい。

行動

思いやり・協力

生徒の様子
誰にでも声をかけることができる生徒

【所見文例】

- 話題性の多さと明るさで誰に対しても温かな言葉で声をかけていました。あなたの心の広さとクラスメイトへの思いやりの姿を感じます。これからも，この思いやりのある言葉かけを大切にしてください。
- 温かな言葉を使い，クラスメイトと会話をしています。ときにはすれ違いもあったと思います。それでもクラスメイトを労わる言葉かけができていることはすばらしいです。その思いを大切にしてください。

POINT

分け隔てなく学級の誰にでも思いやりをもって声をかけている姿を見つけ，その生徒の思いを認め，すばらしさを伝えたい。

生徒の様子
声をかけ合いよい学校行事をつくり上げようとする生徒

【所見文例】

- 合唱コンクールの練習で，クラスがなかなかまとまらずにいたとき，あなたの「みんなで頑張ろうよ！」という声かけでクラスの雰囲気が一気に変わりました。協力することの大切さをみんなに伝えてくれました。
- 文化祭に向けて，クラス内での決めごとがたくさんありました。みんなで協力してすばらしい思い出をつくろうと早朝の劇の練習をすることを提案しました。あなたの一声でクラスが一つになり，文化祭を成功させることができました。

POINT

学校行事で生徒がみんなと協力して頑張る姿をしっかりと見つめ，その頑張りを具体的に伝えていくことが必要である。

思いやり・協力

生徒の様子
どんな活動でも級友に声をかけ手伝おうとする生徒

[所見文例]

✎ クラスメイトが放課後などに係活動などをしていると,必ず声をかけ,自分ができることを尋ねて,手伝っている光景を見ました。思いやりがあり,クラスメイトからの信頼がとても厚い生徒です。

✎ あなたの思いやりがクラスの中に広がっています。自分にできることを探し,クラスメイトに声をかけている姿を何度も見てきました。クラスメイトの喜びがわかります。これからも自分ができることを広げてください。

 POINT

日常での生徒の姿を担任としてしっかりと見ていることを具体的に伝えて認め,生徒に学校生活への自信を与えたい。

生徒の様子
悩んでいる級友にさりげなく声をかけている生徒

[所見文例]

✎ クラスメイトのことを常に意識しています。少し元気がないクラスメイトがいるとさりげなく声をかけ,友達と一緒の話の中に呼んでいる姿を見ました。あなたの思いやりがクラスをつくり上げています。

✎ 仲のよい友達と,とても楽しそうに過ごしていました。その友達と一緒に,元気のないクラスメイトに優しく声をかけ,一緒に過ごす時間をつくっていました。その思いやりに温かさを感じています。

 POINT

悩んでいる級友に気付き,寄り添い,声をかけている生徒の姿を示す。優しさ,思いやりのすばらしさを認めたい。

行動

思いやり・協力

生徒の様子
集団をまとめようと声をかけている生徒

[所見文例]

- 掃除をサボりがちな生徒へ、強く注意をするのでなく、「みんなで一緒に掃除をしよう」と優しく声をかけている姿を見てきました。その声かけで掃除班の班員が温かな雰囲気でまとまってきていました。
- 集団をまとめるには温かな声かけが必要だということを、クラスメイトはあなたから学びました。クラスだけでなく、班活動でもみんなで一緒にやろうというムードをつくってくれました。

POINT

学校生活における班、クラス、掃除当番などの集団をまとめるために温かな声かけをしている生徒がいる。その頑張りを認めていきたい。

生徒の様子
級友を励ましている生徒

[所見文例]

- 受験勉強でクラスメイトが頑張っている姿に、声援を送っているあなたの姿が印象的でした。受験があるにもかかわらず、クラスメイトへ「頑張ろうね」と声をかけているあなたの思いやりと優しさに感動しました。
- 体育祭のリレーでなかなかバトンパスがうまくいかないクラスメイトを、励まし続けたのはあなたでした。その励ましの言葉で、体育祭当日はクラスがしっかりとまとまり、クラス対抗のリレーでは1位になることができました。

POINT

頑張っているがときとして挫けそうになった級友に声をかけられる生徒は、学級内で貴重な存在のため、その思いやりの心を認めていきたい。

思いやり・協力

生徒の様子
友達とのトラブルが多い生徒

[所見文例]

✎ 友達との関係で悩んだことが多くあったと思います。自分の思うようにならないのも友達です。友達のすばらしさを見つけることは自分のすばらしさにも気付くことです。そういう目を大切にしていきましょう。

✎ 「思いやり」とは，友達理解・自分理解から始まります。自分を大切にするのは，とてもよいことですが，これからはもう少し周りに目を向けて，友達も大切にすると，心が通じ合えるでしょう。

 POINT

トラブルが多い生徒には，その行為を注意するだけでなく，「そうせざるを得ない何かがある」という思いをもって，寄り添いながら友達の大切さを伝えたい。

生徒の様子
相手の気持ちを考えずに言葉を発してしまう生徒

[所見文例]

✎ クラスの中でとても元気に生活をしていました。しかし，ときとして友達を傷付ける言動が見受けられました。他者を思いやる気持ちを大切にしていきましょう。たくさんの友達と楽しく過ごす姿が一番よいです。

✎ 優しい気持ちをもっていますが，自分で発してしまったさりげない言葉で相手の顔が暗くなったことに何度か気が付いたことがあったようです。相手の気持ちを考えるように心掛けましょう。

 POINT

相手の気持ちを考えられない言動は，ときとしていじめとなることもある。思いやりの必要を伝え，本人が気付けるようにしたい。

行動

思いやり・協力

生徒の様子
自分の仕事を他人に任せてしまう生徒

[所見文例]

- 給食当番では，配膳から片付けまで行うことができました。掃除当番が回ってきたときも，同じようにみんなと力を合わせて目の前の仕事をしっかりと行っていきましょう。
- 今学期は黒板消し係を買って出てくれました。しかし，ほかの生徒がやっている場面もありました。クラスにはすべきことが多くあり，それをみんなで協力して行っています。過ごしやすいクラスをつくり上げていくためにも，あなたの力が大切な力です。

POINT

みんなで協力して，一つ一つの仕事を行うことで，一つのクラスができているということを伝える。一人一人が大切なクラスの存在だと気付かせたい。

生徒の様子
学校行事などで協力的でない生徒

[所見文例]

- 体育祭の練習のとき，応援では人一倍大きな声を出していましたが，団体競技では積極性に欠けていました。協力することの大切さと喜びを振り返ってください。あなたの力がクラスには必要なのです。
- 文化祭では，劇をやりました。楽しむことができましたが，裏方の仕事もしっかりと取り組んでほしかったです。さまざまな役割分担があってクラスがまとまっていきます。その一員としてあなたの頑張りが必要です。

POINT

学校行事は，学級づくりの大きな力になる。行事での協力を意識させ，一つ一つの行事でクラスが成長していくという実感をもたせたい。

思いやり・協力

 生徒の様子 班活動をしない生徒

[所見文例]

✎ クラスの中の一人より，班の中の一人の役割は大きなものです。あなたの活動の様子でよくも悪くもなります。一人一人が，そしてあなたも大切な存在なのです。みんなが頼りにしています。

✎ 班活動では，プリントを配る係ができました。これからは班員が休んだときにノートを写してあげるなど，やったほうがよいことが見つかると，クラスがよりよくなっていきます。一人の頑張りは班員の頑張りにつながります。

 POINT

クラスの中に班という単位での小集団があり，その中でさまざまな仕事や係活動がなされる。少人数での活動だけに一人一人の役割は大きいことを伝えたい。

 生徒の様子 自分と違う考えの人の意見を聞こうとしない生徒

[所見文例]

✎ 自分の意見をしっかり述べることができていました。これからは，友達の意見をゆっくり聞いてみましょう。その言葉の中にある自分の考えと違う考えを感じたとき，どう行動するかをもう一度よく考えてみましょう。

✎ 人にはいろいろな考え方があることをわかっています。違う考えを意見されたときには違いを遮断することがあるので，まずは聞くことを心掛けましょう。聞くことで思いやりをもった行動や発言に変わっていきます。

 POINT

自己中心的に感じられる言動が多い生徒には，人にはいろいろな考えや思いがあることを具体的に伝えていきたい。孤立ぎみになる前に気付かせるコメントを送りたい。

行動

生命尊重・自然愛護

生徒の様子
命の大切さに気付いた生徒

[所見文例]

- 教室で飼っていた金魚が数匹亡くなったとき、大泣きをしたあなたは、命の大切さ、命には限りがあること実感したでしょう。金魚を土に埋めながら命のあり方を友達と語っていた姿が印象的でした。翌日から教室の水槽を覗くあなたの目がいつもと違って見えました。
- 泣きながら登校したあなたに理由を聞くと、飼っていたペットが亡くなったと言いました。命は二つとないと痛感したことでしょう。ペットを飼っている友達にそのことをしっかり伝えていました。

POINT

さまざまな出来事や学びの中から、命があることは当たり前ではないということに気が付く姿を見落とさず、大切な命について伝えていきたい。

生徒の様子
新聞などから命の尊さを感じている生徒

[所見文例]

- 朝の会の1分間スピーチで、新聞で読んだペットの虐待について話をしました。ペットを飼っているからでしょうか。目を真っ赤にして「命を大切にしてほしい」とクラスメイトに呼びかけました。
- 生活日記に、いじめの自殺について「どんなことがあっても私は生きることを選びたい。命はたった一つしかないのだから」と書いていました。生きるということを真剣に考え、その思いを友達にも伝えていました。

POINT

新聞などから、世の中の命の問題を意識している生徒には、あらゆる場面で命の大切さについて深く考え、感じている心を称賛したい。

生命尊重・自然愛護

生徒の様子
毎日教室の花の水換えを行っている生徒

[所見文例]

- 毎朝,あなたが水を換えているおかげで,気が付くと花瓶の水がいつも綺麗になっていました。花を大切にする姿,環境を整えようとする姿を多くの生徒が気付き,認めています。すばらしい活動です。
- 「教室に花を飾ろう」と,クラスメイトに帰りの会で呼びかけ,保護者の方々にも学級新聞で呼びかけをしました。自然を教室の中に置くことでクラスの環境がよくなると伝えていたのです。すばらしい行動力です。

POINT
教師は,誰もいない教室での生徒の目立たない行動にも気を配り,教室の環境づくりのために花を大切にする心を認め,「見ているよ」と伝えていく必要がある。

生徒の様子
自然環境の問題に関心が高い生徒

[所見文例]

- 夏休みの自由研究で,日本の環境問題を取り上げ,研究をしてきました。身近な自然に目を向け,将来のこの地域のことをまとめ,問題提起をしました。その発表にクラスメイトも刺激を受け環境問題に興味をもっていました。
- 登校中に川のごみの多さに気付き,その状態を真剣に話してくれました。それだけではなく,友達と一緒に川の汚れについて,地域に伝えることを始めました。自分の気付きを行動に移すことができていました。

POINT
環境問題を意識している姿だけでなく,その意識したことを級友に伝えている姿を見つけ自然を大切にしようとする姿が現れていることを伝えたい。

行動

勤労・奉仕

生徒の様子
進んで掃除を行う生徒

[所見文例]

- 毎日,掃除の時間になると一番はじめに掃除場所に行き,掃除を始めている姿を見ました。あなたの行動に影響を受け,クラスメイトも競うように掃除場所へ行くようになりました。よい行動はどんどん広がっていくのです。
- 掃除用具入れの中がいつも整っているのは,あなたが掃除後にいつも整頓をしてくれていたおかげです。あなたが「誰かがすればみんなが気持ちよくなる」ことを意識して行っていたと,同じ掃除場の人が気付きました。

 POINT

進んで掃除を行う生徒をしっかりと見つめ,具体的な様子を示し,そのことが級友へよい影響を与えていることを伝えたい。

生徒の様子
誰もいない教室の環境を整える生徒

[所見文例]

- 毎朝,教室の机が整っていたのは,あなたが部活動後にいつもクラスの机を整頓してくれていたからです。何人かのクラスメイトも気付いていました。すばらしいです。この姿勢をこれからも大切にしてください。
- 毎週末の掃除を終えた後,自ら持ってきた洗剤で雑巾を洗い,干している姿を見ました。そのおかげで週のはじめは,みんな気持ちよく掃除を始めていました。クラスメイトのために気付いたことを自ら率先して行う姿はすばらしいです。

 POINT

黙々と級友のために活動を行う生徒の姿に気付き,「先生は見ていたよ」という具体的なメッセージを送ると同時に,その姿をしっかりと認め,ほめていきたい。

勤労・奉仕

 [生徒の様子] ボランティア活動に積極的に参加する生徒

[所見文例]

- 生徒会が地域のボランティア清掃活動を呼びかけたところ，あなたは一番に手を挙げ，参加を表明しました。その姿にクラス内では参加者が増えました。あなたの奉仕の心がクラスメイトの心に伝わった瞬間です。
- 朝，昇降口で被災地への募金活動を行っている生徒会役員の横に立ち，自らも募金をした後，一緒に呼びかけを行っている姿を見ました。自分にできることを考え，その思いを行動にしている姿はすばらしいです。

 POINT

誰かのために自分に何ができるかを考え行動する生徒の姿をしっかりと見つめ，奉仕の心を更に育めるように，具体的なメッセージを送りたい。

 [生徒の様子] 落ちているごみを進んで拾う生徒

[所見文例]

- 教室のごみ箱の周りに落ちているごみをさりげなく拾い，ごみ箱に入れている姿を見ました。あなたのおかげで教室環境がとてもよくなっています。あなたの姿を見てごみを投げる生徒も減りました。
- 体育祭のとき，競技役員のあなたがグラウンドを走りながら落ちているごみを拾う姿を何人もの生徒が見ていました。体育祭後のごみ拾いではあなたの影響を受け，多くの生徒が積極的にごみを拾う姿がありました。

 POINT

誰も見ていなくても，ごみを拾える生徒には，生徒のよい行動が周りによい影響を与えていると具体的に伝えることで，自分の行動に自信をもたせたい。

行動

勤労・奉仕

生徒の様子 学校生活の中で気付いたことを自ら行動に移せる生徒

[所見文例]

- トイレのスリッパが乱れているとき，あなたがそっと元の位置に戻しているのを何度か見ました。それを見ていたほかの生徒も片付けるようになりました。あなたの行動が多くの生徒に影響を与え，校内の環境が整いだしています。
- 掃除が終わり，反省会の後，雑巾が乱れていることに気が付いたあなたは，何も言わず，自らその雑巾を片付けていました。誰が雑巾を乱したとかでなく，自分でできることを進んで行うあなたの姿に感動しました。

 POINT

生徒が自ら気付き，行動に移せる姿をさまざまな場面で見つけ，ほかの生徒へのよい影響を与えていることを伝え，生徒の学校生活での自信につなげていきたい。

生徒の様子 任された仕事を進んで意欲的に行う生徒

[所見文例]

- 卒業式の準備で体育館の椅子並べの担当となったとき，友達と協力して，進んで椅子並べを行いました。「頼まれたことができるかどうかは自分を試すことだから」と友達に伝えたことはすばらしかったです。
- 大掃除で昇降口を任されたあなたは，スノコをあげて床を磨くだけでなく，ささくれがある部分にヤスリをかけていました。誰かのために任された仕事以上に行おうとする意欲を感じました。

 POINT

体育館の椅子並べから環境整備などいろいろある仕事を嫌々行うのではなく，自分から進んで行える生徒のすばらしさを伝えていきたい。

公正・公平

生徒の様子
集団の中で正義感の強い生徒

[所見文例]

- クラスの中で起きた問題に対して，学級会の必要性をクラスメイトに示すことができました。学級集団を高め改善するために，何が正しいのかをしっかりと主張し，行動が伴うため，クラスメイトからの信頼も大変厚いです。
- 学級委員としての自覚をもち，意欲的に呼びかけや点検活動，話合いを進めました。正しい判断力の持ち主なので，点検などもしっかりと行うことができ，人望もあり，クラスの人間関係をよりよく向上させました。

 POINT

周囲の状況をしっかりとらえ，集団を高めるために何が大事か，正義感をもって主張し，行動できるすばらしさを認めたい。

生徒の様子
偏見や先入観にとらわれず，誰とでも平等に接する生徒

[所見文例]

- 相手を尊重し，誰に対しても分け隔てなく優しく接するため，クラスメイトから絶大な信頼を得ています。日常的に孤立しがちな生徒に積極的に声をかけ，校外学習もその生徒と係活動を共にしていました。
- 誰に対しても平等な優しさと誠実な心で接し，正しい判断力で行動する姿に，あなたのすばらしさを感じました。自分の気持ちを相手にきちんと伝えることのできる力は，今後の人生にも大きく役立つと思います。

 POINT

周囲の状況にとらわれず，自分の見方・考え方をしっかりともち，周りと接することができていることを評価したい。

行動

公正・公平

生徒の様子
他者の意見をよく聞き，物事を多角的に考える生徒

[所見文例]

- 国語の討論の授業では，さまざまな意見をしっかりと聞くことができました。さらに，クラスメイトの考えを踏まえつつ，流されることなく，根拠をもって自分の考えを発言することができました。
- いままでも学級会で委員としてクラス全体のことを考え，自分の考えを主張できていましたが，さらに，クラスメイトの考えをしっかりと聞き，行動できるように成長してきました。今後のいっそうの成長が楽しみです。

POINT

自分の考えをしっかりもった上で，それに固執せずほかの考えを受け入れられることを，話合いなどでの具体例を紹介することで，すばらしいと伝えたい。

生徒の様子
公正・公平な態度を身に付けてきた生徒

[所見文例]

- 生徒会活動での話合いで，みんなの意見をしっかり聞き，自分本位の感情に流されることなく，公平な話合いを進めることができていました。日頃から周りの考えを公正に聞いているからでしょう。
- 学級会では，発言力のある少数のクラスメイトの意見が通りそうだったとき，他の多数のクラスメイトの意見を積極的に取り入れました。その結果，クラスがまとまり，それぞれのやるべきことが明確になるなど学級集団の向上に貢献しました。

POINT

自分やほかの特定の級友にとって都合のよいことに流されず，正しいことを主張できた具体的な状況や，成長・変化した具体的な姿を認めたい。

公正・公平

 生徒の様子
正義感が強いあまり人を傷付けやすい生徒

[所見文例]

 POINT

- 正義感が強く、正しい意見をみんなの前でもしっかり発言することができていました。これからは、他者の思いや考えなどにも心配りができれば、いっそうの成長につながり、有意義なことだと思います。
- 礼儀正しく真面目で正義感があり、クラスの模範的な存在です。これからは、できなくて困っているクラスメイトにも目を向け、そっと助けてくれることを期待しています。更なる成長を楽しみにしています。

正義感があることを評価しつつ、さらに、級友への言動の配慮を促すことが大切である。

 生徒の様子
友達の不正を見過ごしてしまう生徒

[所見文例]

 POINT

- 何が大事か、自分の考えや思いはしっかりともっていますが、友達の意見などを聞くと、迷い流されてしまう場面がありました。自信をもって、自分が正しいと考えることを素直に出せることを期待しています。
- 学校生活の中で、友達の意見を間違っていると思うことがあっても、その場では流されてしまうことがありました。自分が正しいと考えることには自信をもって表現していきましょう。

友達に流されていることに気付かせ、正しいことをしっかりと見つめさせることで、自信をもって正しいことを主張できるよう助言していく。

行動

公共心・公徳心

生徒の様子
委員や係として級友のために働く生徒

[所見文例]

- 学級会の運営では、クラス代表としての自覚と責任をもち、クラスメイトの思いを上手にまとめ、率先してみんなのために動くことができました。更に大きな舞台でも活躍できる力をもっています。

- 整美委員として、清掃の取組みを熱心に呼びかけ、毎日の点検を忘れることなく責任をもって行うことができました。それにより、クラスの美化への意識が高まり、みんなが清掃に一生懸命取り組むようになりました。

POINT

事実に即した具体的な場面を示し、その行動がいかにみんなのためになっているかを認めることで、更に自信をつけさせ、活躍できるよう促したい。

生徒の様子
学校行事で積極的に貢献した生徒

[所見文例]

- 体育祭実行委員として、計画や準備を周到にし、当日も先頭に立って活動しました。全校生徒の心を一つにするために、多くの困難を乗り越え成功させた達成感や満足感は、人生の宝物となるでしょう。感動しました。

- 文化祭実行委員として、各学年・各クラスが申請した出し物をチェックし、予算を割り振ったり、ほかに提案があれば議論したりと、生徒会や全校生徒に働きかけ、全校が一体となった文化祭をつくり上げました。

POINT

学校行事で先頭に立って活動している点を認め、更に活動意欲をもてるように励ます。

公共心・公徳心

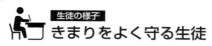

生徒の様子
きまりをよく守る生徒

[所見文例]

- 日常の小さなきまりを守ろうとする態度は大変立派でした。授業前には教科書などを準備したり，掃除のときには清掃開始前に行き，清掃用具を丁寧に扱い大事にしたりする姿などは，学年の模範的な存在です。

- 周りのみんなが気持ちよく過ごせるように，進んできまりを守っていました。また，クラスメイトにも積極的に働きかけている姿はすばらしいです。集団生活の中で大事な存在です。

 POINT

集団の中で進んできまりを守り，また，守ることの大切さを級友にも進んで働きかける姿を教師が認めることで，更に公徳心が育つよう励ましていく。

生徒の様子
きまりを守れない生徒

[所見文例]

- 学校生活を送る中で，いくつかのきまりが守れないことがありました。心の中ではやらねばならないことがわかっていると思います。自分やクラスメイトが気持ちよく過ごせるように，もう一度考えてみてください。

- あなたは素直で優しい人間性をもっていますが，登校時間や服装などのきまりが守れていないことがありました。小さなきまりを守る積み重ねが，大きな信頼を得ることにつながると思います。

 POINT

きまりを守ることによって，自分自身や級友も気持ちよく学校生活が送れることを考えさせるように伝えていきたい。

行動

公共心・公徳心

 生徒の様子
整理整頓が苦手で後片付けを十分にできない生徒

[所見文例]

- 次学期の生活では，整理整頓をより心掛けましょう。机の中やロッカーは，必要な物を見やすく取りやすくしておくことで，勉強を効率的に進めることができます。気持ちよく生活するためにも努力してみましょう。

- 後片付けのコツは，身近なものを整理整頓することです。教科書とノート，筆箱や机の中，通学カバンの中など片付けてみましょう。新たな気持ちでやる気が出てくると思います。

 POINT

できないことを一方的に責めるのではなく，整理整頓や後片付けをするやり方をアドバイスしていきたい。

 生徒の様子
係活動などの仕事をやろうとしない生徒

[所見文例]

- あなたの存在は，このクラスで大きな力です。クラスにある多くの係活動を，それぞれが真面目に取り組むことによって，みんなが平等で気持ちよく生活することができます。クラスメイトのためにも頑張ってください。

- あなたの朗らかな言動はクラスの力です。そのため，それを生かして保健委員として，朝の健康観察をしっかり取り組んでほしかったという思いがあります。2学期は，係活動に対しても，責任のある行動を期待しています。

 POINT

一人一人の係活動が，クラスの中で大切な仕事であり，協力して気持ちよく集団生活をする上で欠かせないことに気付かせ，理解させたい。

その他

生徒の様子
活力に満ち，なにごとにも意欲的で前向きな生徒

[所見文例]

- なにごとにも明るく精一杯取り組み，教室に笑顔を与えてくれました。学習，委員会活動，行事への取組みに加え，今学期は部活動での活躍もすばらしく，チームのために貢献しました。更なる活躍に期待しています。
- いきいきと友達と協調し，明るく素直な心で学校生活を送る姿にクラスメイトも刺激され，クラス全体に向上心がみられるようになりました。学習と部活動の文武両道を目指して，よりいっそう成長することを願っています。

POINT

生徒の行いがクラスのためになっていることの具体的な場面を取り上げて認め，更に意欲的に活動できるように背中を押したい。

生徒の様子
目標に向かって努力している生徒

[所見文例]

- 自分の進路について具体的に考え，将来やりたいことに向けて，体験入学や授業への取組みにも，積極的な姿勢がみられました。その努力する態度が，クラスの雰囲気を高めています。
- 先輩としての自覚が高まり，部活動において準備・片付けや声出しなど，率先して活動する場面が多く見られました。チームで全国大会に行けるよう，後輩たちを引っ張っていく姿勢は，大変すばらしいです。

POINT

具体的な様子を取り上げて評価し，更に前向きに努力し，目標を達成できるように激励する。

行動

その他

生徒の様子
自己肯定感が低く自信のない生徒

[所見文例]

- あなたは努力家ですが,友達関係や成績のことで自信をなくしていませんか。物事がうまくいかないときこそ成長のチャンスです。自分の言動を振り返ったり学習方法を変えたりしてみましょう。
- 部活のキャプテンのあなたは,部員から信頼されています。結果が出ないことに自信を失っているかもしれませんが,あなたの思いを部員に伝え,一緒に考えていけば,必ずよい方向にいくと確信しています。

生徒のよさを認めながら,自信がない原因に向き合わせて,どうしたらそれを乗り越えられるようになるのかを助言し,自己肯定感をもてるよう励ます。

生徒の様子
不登校傾向にある生徒

[所見文例]

- 相談室で学習することは,決して自信をなくすことではありません。自分の心と向き合い,いまできることから焦らずじっくり取り組んでいきましょう。友達も先生もいつも側にいて,力になります。
- 真剣に授業に取り組んでいる様子や一生懸命な態度はすばらしいです。その分無理はしていませんか? あなたのよさを友達も先生もわかっています。緊張せずに教室に来てくれることを待っています。

学校との具体的な接点を取り出し,生徒に寄り添い,友達や教師の声を届けることで,集団生活や登校への意欲が出るような言葉かけをしたい。

その他

[生徒の様子] 言動が乱暴な生徒

[所見文例]

- あなたは優しい心の持ち主ですが，ときどき周囲に対する乱暴な言葉や態度がみられました。自分も友達も大事な存在であることに気付き，人の役に立つ喜びを感じて欲しいです。

- さまざまな場面でリーダーシップを発揮してくれました。自分の感情をコントロールし，集団で気持ちよく生活するためにはどうしたらよいか，考えて行動できるようになると，あなたらしさが更に生きると思います。あいさつなどささいなことから意識していきましょう。

 POINT

乱暴な言動が，多くの人に迷惑をかけていることをわからせ，言動一つ一つが周囲の人の心を温かくすることの喜びを伝える。

[生徒の様子] 一人でいることが多い生徒

[所見文例]

- 読書熱心で，休み時間には読書をして過ごすことが多かったです。国語の時間に「好きな本」の紹介をしたときには，クラスメイトの関心が最も高い内容で，大きな拍手をもらい，話が盛り上がりました。

- あなたはとても誠実で，修学旅行の班行動に向けて，見学場所を丁寧に調べ班員に伝えました。事前の知識があり興味深く見学ができたと，班員みんなが感謝していました。

 POINT

級友の気持ちに目が向くような文面や，その生徒が級友とのかかわりを形成する糸口やきっかけを増やすような文面を心掛けたい。

行動

その他

生徒の様子
情緒障害があり失敗を繰り返してしまう生徒

[所見文例]

✎ 学習課題が思うように進まず，集中できずにあきらめてしまいそうなときには，先生や友達に聞きましょう。それがヒントとなり，気持ちが落ち着き，集中して取り組めるようになります。

✎ 友達とのトラブルや納得いかないことで大きな声を出すこともありましたが，クールダウンの時間をもつことによって徐々に落ち着き，対応できるようになりました。たくましい成長ぶりに感心しています。

POINT
生徒の意に反してできないケースが少なくないため，叱責はなるべく避ける。失敗しないための方法や，行動意欲（情緒面の支援）につながる文面を心掛けたい。

生徒の様子
いじめを受けた生徒

[所見文例]

✎ 人間関係でつらいことがありましたね。勇気を出して家族や先生に相談することができましたが，まだ不安な気持ちもあると思います。再びあなたのペースで落ち着いて生活していけるように，必ず支えていきます。

✎ 今学期はつらいことがありましたね。不安な気持ちを抱えながら，よく頑張りました。これからも，あなたは一人ではありません。不安なときは何でも相談することができます。先生はいつでも待っていますよ。

POINT
生徒や保護者が安心感をもてるような文面を心掛けたい。不安感やつらい気持ちに寄り添い，一人ではないことを強調し，これからも力になることを伝える。

特別活動

● 学級活動

🔍 知識・技能

- ものごとの整理と記録をする能力に長けています。クラスの書記として責任感を強くもち，学級会での板書やノート記載をはじめ，いろいろな場面で議事の記録がよくできていました。

- 学級役員としてクラス内の問題をとらえ，解決のための学級会を提案しました。なにごとも建設的・発展的に進めていく力を発揮しており，クラスのみんなから頼りにされています。

- 大勢の前で話すことに物怖じせず，みんなのまなざしや気持ちを引き付ける物言いができます。今後も集団活動に積極的に取り組み，リーダーとしての力量を高めていきましょう。

- クラスへの伝達事項を繰り返すうち，大勢の前でも落ち着いて順序立てて話すことができるようになりました。授業中の発言や質問も臆することなくできるようになり，学習がますます充実しているようです。

- 生活班やグループの編成が望まない組み合わせであっても，そのことで不満を表したり不平を述べたりすることがありません。誰とでも公平に付き合い，周りからの信頼を得ています。

- 年度当初から，孤立しがちなクラスメイトにいち早く気付いて，活動のたびにさりげなく声をかける姿が印象的でした。あなたの行動を通して成長できたクラスメイトは少なくありません。率先してクラスの人間関係をよくしてくれる姿に，先生も感謝しています。

- 常に自分の意見をはっきりともち，的確に発言することができています。ただし，学級活動や道徳の時間などの話合いでは，一つの考えにこだわり過ぎて，ほかの人の意見や気持ちに気付いていない場面がときどき見受けられます。クラスメイトの言葉も受け入れつつ調整することを意識するとよいでしょう。

- 班長として，班員の意見やわがままもよく聞き，班員に対して適切なアドバイスもできました。ただし，やや物言いがきつい点は気を

- 付けましょう。どんなときでも相手のことを思いやる言葉が選べると，更によいリーダーになれるでしょう。
- 学級会でも授業でも普段の生活でも，わからないことをそのままにしていては成長が望めません。先生にでも友達にでも聞きやすい相手で構いませんので，なるべくその都度解決することを目指しましょう。

思考・判断・表現

- 生活の中でいさかいが起こりそうなとき，先生が介入するよりも前に，それとなく解決へ向けた発言をしたり立場の弱い人に寄り添ったりするなど，クラスの雰囲気をよくしようとして的確な判断と行動ができました。
- クラスの人間関係をよく把握していて，トラブルが起こりそうな場合は，当事者間に入って双方の言い分を調整したり，手に余るようだと先生の介入を願い出たりしました。常に公平な判断ができるので，クラスメイトからの信頼を得ています。
- 学級レクリエーションの内容を決める話合いでは，いつもみんなで楽しく取り組めるような内容を考えて提案しています。そして実施のときも，率先して盛り上げています。常にみんなで楽しもうとする姿勢や言動が，クラスによい雰囲気をもたらしています。
- 給食当番のときは機敏に動き，ワゴン運び，配膳，片付けとよく働きました。当番の仕事を怠けていた友達に，物を持つように働きかけたときは，誰の不満も募らないような上手な言い方をして，当番内の人間関係も大切にしながらうまく進めていました。
- 学級会のときにはみんなの意見をよく聞き，その中から学級にとって重要な意見を見極めた上で，話合いをよくリードできていました。学級委員として初めて務めたにもかかわらず，いつも冷静に取り組めたのが立派でした。

主体的に学習に取り組む態度

- ごみが落ちていれば拾い，物が乱れていれば正すことが自然体でできており，周りから好感をもたれています。自ら生活をよくしていこうとする態度や行いは，クラスメイトのよいお手本です。

- 忙しくしている生徒がいると，自分から当たり前のように手伝っています。そんな姿がクラスメイトにも好影響を与え，学級が和やかで温かい雰囲気になってきました。

- 「やったことがないことでも，まずはやってみよう」という意欲をもったことで，うまくいけば自信となり，失敗は学びとして受け止めることができるようになりました。すばらしい向上心の持ち主です。

- 定期テスト前の休み時間には，友達同士で問題を出し合うなどして勉強する姿をよく見かけます。よきライバルとして，友達と楽しく工夫して学び合う様子は好感がもてます。

- 几帳面な性格で，字が上手で，クラス内の掲示物をきれいに見やすく書いてくれます。頼まれごとは気持ちよく引き受け，確実に仕上げてくれます。クラスみんなの学習環境がとてもよくなりました。

- 校外学習の計画を作成する場面では，乗り換え路線を暗記していたため，よりよいコースづくりをすることができました。ほかの班からも相談を受けるなど頼りにされ，自分の班以外にも積極的にアドバイスできたのが立派でした。

- 自分自身のこと，クラスメイトのことをとてもよく理解しています。そのため行事の振り返りがよく書けており，クラスでたびたび紹介させてもらいました。クラスの課題を考える場面では，あなたの考えでみんなの理解が進みました。

- 清掃活動では，自分の分担箇所を仕上げた上に，遅れがちなクラスメイトや手の回らないところに手を貸す姿をよく見ました。教室をきれいに保とうとする態度，作業の確かさ，気の利き方にいつも感心しています。

特別活動

● 生徒会活動

知識・技能

- 安全委員会として，全校に交通安全を呼びかける機会がありましたが，何をどうすればいいのか具体的でわかりやすい説明でした。事前に委員会の内部でよく練られた提案で，みんな納得しやすかったようです。
- 生徒会集会の委員会活動の取組みを知らせる場面で苦戦していたようです。スピーチは，伝えたい内容をはっきりさせること，その上で，紙を見たまま読み上げるのではなく，顔を上げてみんなのほうを向いて訴えかけるように話すと伝わりやすくなります。今度，一緒に練習してみませんか。
- 給食委員でワゴンプールの片付けを担当していますが，活動に取り掛かるのが遅かったり，周りに頼り過ぎたりする点が気になりました。協力し合ってスムーズに仕事をこなす気持ちよさに気付いてほしいと願っています。

思考・判断・表現

- 生徒会総会での質疑応答で，本部に対して有意義な質問ができました。あなたの意見が生徒会本部が有効な手立てを考えることにつながったと思います。よくものごとを見つめ，大事な点をつかんでいることに感心しました。
- 生活委員の委員長として，毎朝のあいさつ運動をよくリードしました。特に学校全体の取組みを盛り上げるために，自分が当番でないときも持ち場につき後輩の面倒をみる姿は，委員長として立派な態度でした。
- 新入生への部活動オリエンテーションをもっと盛り上げるにはどうしたらよいかという課題をもち，新入生に各部活の特徴が伝わりやすいようにプログラムを改善できたのはすばらしいことでした。
- 委員会の引継ぎにあたり，後輩たちに活動のポイントをきちんと伝

えるだけでなく，自分たちやこれまで関わってきた人々の思いも含めて伝えようとしていました。伝統を引き継ごうとする姿勢に胸を打たれました。

主体的に学習に取り組む態度

- 生徒会活動に興味をもち，役員に立候補しました。選挙演説では自分自身が学校向上のためにできることを具体的に述べ，たくさんの支持を得ました。初めての体験でも積極的に取り組めたのが立派でした。今後の活躍に期待しています。

- 昨年度の生徒会役員の経験を生かし，今年も立候補，そして当選を果たしました。意欲的に活動し友達からは厚い信頼を得ています。また，その姿は学校みんなの模範になっています。ますますの活躍を期待しています。

- はじめは乗り気ではなかったのに，クラスのみんなの期待に応えようと立候補してくれた気持ちと行動力に拍手を送ります。結果に関わらず，今回の経験は確実にあなたの成長につながります。

- 生徒会役員としての自覚をもち，ときに嫌われ役も買って出て，生活向上のために全生徒への働きかけを貫いている姿は立派です。活動を終えるときには，○さんのおかげで学校がよくなったという声がきっと聞かれるでしょう。

- 生徒会活動で自分の意見に耳を傾けてくれる人が少ないことに悩んでいるそうですね。確かにとてもよいアイデアを出していますが，それ以上に生活のルーズさが目立っていることも原因かもしれません。言行一致は信頼の元ですから，他者からの信頼を得るにはどうしたらいいか，一緒に考えていきましょう。

- 生徒総会の司会を進んで引き受け，見事に務めました。あの姿を見て特に後輩の1年生たちは，中学生の格好よさを感じ取ったことでしょう。よいお手本をありがとうございました。

特別活動

● 学校行事

🔍 知識・技能

- 校内弁論大会の学年代表として登壇しました。原稿をほぼ暗記した状態で，全校生徒の方を向いて表情豊かに訴えて，多くの生徒の胸を打ちました。説得力のある話し方ができることはすごい特技です。
- 体育祭の応援合戦の団長として，練習から本番まで規律正しく仕切っていました。後輩たちがあなたの行動力と迫力とに圧倒されていました。リーダーとしてますます活躍できることでしょう。
- 陸上競技大会に向けて準備を重ね，本番は持ち前の運動能力を発揮して100メートル走で校内記録を更新し，リレーでも活躍しました。本気でやることの「美」を追求し，多くの人を感動させました。
- 卒業生を送る会では，後輩の代表として「3年生にお世話になったこと」を具体的に紹介し，3年生へ感謝の意をはっきりと伝えることができました。すばらしいあいさつでした。
- 自ら希望した文化祭実行委員でしたが，思ったように取り組めなかったと聞きました。困難に直面したときは遠慮せず先生や友達を頼り，助言を生かして工夫できるとよいでしょう。
- 校内バレーボール大会での熱心なプレーが鮮明に思い出されます。クラスの勝利に向けクラスメイトをよく励ましていましたが，勝利を意識するあまり思いやりを欠いてしまう場面も見受けられました。協力が必要な場面でこそ，相手への言葉に気を配りましょう。

🔍 思考・判断・表現

- 文化祭実行委員として，よく頑張りました。準備のときは毎日遅くまで取り組み，当日は舞台上の進行役として活躍しました。特に，出し物が滞ったときに取った，みんなを飽きさせないための柔軟な対応には感心しました。
- 校外学習では，実行委員会で建設的な意見を出し，当日も場にふさわしい注意事項をみんなにしっかりと伝えていました。実行委員と

してよく務めてくれたおかげで行事は大成功でした。先生も感謝しています。
- 部活動オリエンテーションでの1年生への説明が上手でした。限られた時間の中で，1年生の新生活への不安を取り除きながら，部活動加入の意欲を引き出す話ができていて感心しました。
- 合唱コンクールでは，得意のピアノ能力を生かし伴奏を務めました。さらに，パート練習のときは，各パートがコツをつかめずにいる中で，練習方法の工夫などを提案して根気よくアドバイスをするなど，合唱の完成に大いに貢献しました。
- 学級対抗の体育的行事では，率先して明るく声かけ誘いかけをしてくれました。クラスメイトの意欲が引き出され，クラス全体の雰囲気もよくなり，クラスで一致団結して楽しい行事とすることができました。

主体的に学習に取り組む態度

- 縦割り活動のときは，司会者として活躍するとともに，3年生の班員と一緒に1・2年生の手本となるような発表ができました。後輩たちがあこがれ，見習いたいと思うような立派な態度でした。
- 日本中学体育連盟の大会の結団式でのあいさつと決意表明は，仲間意識を盛り上げ，学校全体に「頑張っていこう」という雰囲気をつくるのに大きく貢献しました。
- 地域清掃活動では，参加してくださった地域の方々と打ち解けて話をして，自然な姿が地域の方々から好感をもたれていました。
- 百人一首大会で「読み手」を引き受け，存分に練習を積んだ上で，当日は立派にその責を果たしました。あなたが朗々と読み上げる声の響きに応じて，札の取り合いも白熱し，充実した雰囲気がみなぎる大会でした。
- 職場体験学習では，販売所でマイクを使っての呼びかけに進んで取り組み，お客様からほめられ，大きな自信につながったようです。その後の学校生活にも意欲的な態度で臨めています。

第3章 特別な配慮を必要とする生徒の所見文例

所見記入時の留意点

❶ 特別な配慮を必要とする生徒とは

　特別な配慮を必要とする生徒として，2017年改訂の学習指導要領「総則」は，①障害のある生徒，②海外から帰国した生徒や日本語の習得に困難のある生徒，③不登校生徒，④学齢を経過した者，を挙げています。

　所見欄の記入にあたっては，それぞれの生徒の特性に応じたきめ細やかな配慮が求められます。①一人一人の状況を十分理解する，②小さな進歩に目ざとく気付く，③通級学級，日本語指導学級，適応指導教室などとの連携を密にとり，多角度からの多面的理解に努める，などの基本原則は共通します。本書では，おもに発達障害児を意識した文例を扱います。

❷ 発達障害について

　発達障害は，発達障害者支援法（平成17年4月施行）に「自閉症，アスペルガー症候群その他の広汎性発達障害，学習障害，注意欠陥多動性障害その他これに類する脳機能の障害であってその症状が通常低年齢において発現するものとして政令で定めるもの」と定義付けられています（第2条）。

❸ プラス面に目を向け評価します

　発達障害児（発達障害者のうち18歳未満の者）は，社会的要因などの影響を受け，合併症や二次障害を示すケースが少なくありません。周囲から誤解や偏見を受けやすく，学校生活において「わがままである」など低い評価を受けることも多く，自己評価や自尊心が低くなりがちです。

　所見の作成にあたっては，障害から生じる特徴を理解し「認め」「励ます」よう心掛けます。小さな進歩を見逃さずにほめる，興味や関心を見極め認める，プラス面に目を向け評価するなどは，特に配慮する必要があります。

❹ 安心して読める所見文を書きます

　発達障害児の多くは，小さいころから成功体験が少なく，失敗体験や挫折体験を積み重ねていることが多く，保護者ともども非難の目にさらされる体験を嫌というほど味わっています。追い討ちをかけるような通信簿の所見は，更なる「ストレス源」となってしまいます。保護者も生徒も「安心して読めた」と言えるような所見の作成を心掛けましょう。

特別な配慮を必要とする生徒

学習面の困難がある

生徒の様子
対話や議論をすることに困難を示す生徒

[所見文例]

✏ 国語のグループ学習では，自分の意見をノートに書き，その意見がグループでの意見となりました。グループの一員だという意識が高くなり，自分の意見を表現でき，活動の場が広がっています。

✏ 学級活動では，自分の意見を発表することができました。友達の意見に耳を傾け，自分の考えを修正し，多数決での決定事項にも従うことができました。自分の意見をしっかりもち，対話を重ねていってほしいと思います。

POINT

自分の意見を主張することを苦手としている生徒には，強引に意見を求めることなどはせず，教師や友達が本人の確認を取ってから代弁したことであっても評価する。

生徒の様子
聞くことに困難を示す生徒

[所見文例]

✏ 国語の時間では，簡単な質問に答えることができました。教科書を読んでからの質問には，何度も聞き返すことが多かったですが，質問を板書したところ，音声を視覚で確認することで，安心して授業に取り組むことができました。

✏ 授業の中でのポイントは箇条書きにして示し，必要に応じてクラス全員で復唱させています。聞き逃すことの不安から何度も質問を繰り返しますが，必要なことは，自分から文字に書き残していく習慣を身に付けていけるとよいでしょう。

POINT

聞いたことと同じことを口にすることで安心する生徒には，聞く姿勢とともに，自分で必要事項を視覚的に確認できるような習慣を身に付けるよう助言するとよい。

学習面の困難がある

[生徒の様子] 音読はできるが文章の意味の理解に困難を示す生徒

[所見文例]

- 音読は登場人物や作者の気持ちを表し，流暢に読むことができました。しかし，作者の気持ちを言葉で説明することは，時間がかかりました。友達の答えを聞きながら登場人物の気持ちを確認しています。
- テストの問題文は読むことができますが，答え方がわからず，時間がかかっていました。答え方のヒントは問題文の中にあると説明すると，ヒントを探し出そうと一生懸命になり，答え方に自信がもて，テストの点数に結び付いてきました。

 POINT

知らない言葉を辞書で調べ，減らしていったり間違えた答えから，正しい回答を調べたり，質問の意図や答え方を学んだことを評価する。

[生徒の様子] 書くことに困難を示す生徒

[所見文例]

- 板書を見ながら書くことは時間がかかりました。しかし，先生が板書する文字を声に出しながら書くのを聞きつつ，同じ速さで書くことができるようになりました。板書を写す時間が短くなり，授業に集中する時間も増え，成績にも表れてきました。
- どの教科もノートの取り方に工夫がみられました。キーワードやまとめなどは色を変えたり枠で囲んだりしながら，授業のまとめができました。自分なりの勉強方法が成績に結び付いています。

 POINT

板書をどこからノートに書き写したらよいのか悩む生徒には，教師が黒板に課題とまとめを書く場所を固定し，そこは必ずノートに書くように促す。そして，その結果を伝える。

特別な配慮を必要とする生徒

学習面の困難がある

生徒の様子
数学（図形）に困難を示す生徒

[所見文例]

- 作図では基準点を示すと，そこから作図をし始めることができました。分度器も，基準線に測る角度を当てることで，正しく角度を測ることができました。基準を示されたことで自分から取り組む姿が増えました。
- 面積や体積を求める問題では，公式はわかっているのですが，底辺や高さを読み取るのに時間がかかりました。時間をかけてでも辺や角度を図に記入して，公式に合わせて答えを導くその努力には，感心させられました。

POINT

空間認知の弱い生徒には，始まりになる点や線を示すことで，取りかかりやすくし，努力している姿を示す。

生徒の様子
数学（計算・文章題）に困難を示す生徒

[所見文例]

- マスのあるノートを使用することで，計算式の答えがずれなくなり，正しい答えを出すことが増えてきました。電卓を打つのはとても速く，計算の答え合わせに積極的に取り組む姿があり，計算への自信が生まれてきています。
- 文章題で何を答えるのか，四則の計算で何を使うのかを導くために図を描いて取り組む姿がありました。「ヒントは文章の中にある」と言いながらあきらめずに取り組む姿に感心しました。

POINT

計算式で位取りができない場合，マスのあるノートを使い，位の位置を確認させながら計算をさせ，自信を付けたい。

学習面の困難がある

生徒の様子
理科（観察・実験）に困難を示す生徒

[所見文例]

- タブレット顕微鏡に興味を示し，ミジンコなどの観察では形態や動き方などを熱心に観察し，その結果を積極的に発表することができました。観察の観点を授業の中で確認することにつながりました。
- タブレットを使った音の実験では，音声編集ソフトをダウンロードして，音の振幅・振動数の様子を波形として視覚で確認できるようにしました。自分の声や友達の声の違いも視覚的に確認でき，音への関心が強まりました。

 POINT

観察や実験には，興味や関心が深い生徒が多い。ICTを活用し，直接操作したり視覚で確認したりすることで，特徴や変化に気付いたことを評価する。

生徒の様子
体育や運動に困難を示す生徒

[所見文例]

- 体育祭では，集団行動やエイサーに取り組みました。リズムを自分で口ずさみながら歩調を合わせたり，踊ったりすることができました。ビデオを見ながら練習したことで，自分の動きのイメージがもてたようです。
- 授業前の用具の準備や準備運動に積極的に取り組んでいました。友達の動きを見ながら，自分のボディイメージをもってストレッチやラジオ体操に取り組むことができました。

 POINT

筋肉の緊張・弛緩のコントロールができない生徒には，できるところから少しずつ目標を高め，できることが増えてきている様子を示す。

特別な配慮を必要とする生徒
行動面の困難がある

生徒の様子
一つの活動や課題が最後まで終わらない生徒

[所見文例]
- 自分のペースで課題に取り組むことができました。数学の課題を決めた問題数ごとにその都度先生が評価することで目標をもちました。問題を解く，持っていく，○を付けてもらう，次の問題を解く，という流れができてきました。
- 休み時間を利用しながら，美術の作品を仕上げることができました。決められた休み時間を上手に使いながら，集中して取り組むことができました。完成させた満足感や充実感を味わうことができました。

POINT
外部からの刺激に左右されやすい生徒には，できる課題を評価して称賛し，意欲をもたせたい。

生徒の様子
自分の持ち物の管理ができない生徒

[所見文例]
- 離席するときの「1.椅子をしまう　2.机を並べる　3.周囲にものが落ちていないかを確認する」というメモを作りました。いつもそれを一つ一つチェックすることで机の周りの整理整頓ができるようになりました。
- 学習に必要な筆記用具類は，教室内に予備を置いておき，忘れたときに準備ができるようにしました。忘れることへの不安がなくなり，集中して授業に取り組む姿が増えました。

POINT
片付けの手順を示し，習慣化できるようにする。片付け前後の違いを認識させ，自分から取り組んだときには，称賛を与える。

行動面の困難がある

生徒の様子
集団になじめず一人でいることが多い生徒

[所見文例]

✏ 活動場所でみんなと一緒に行動することができるようになりました。理科室や音楽室への移動も友達の流れの中ですることができました。給食の配膳時に均等に盛り付けをすることで、みんなから信頼されているようです。

✏ 休み時間に一人で絵を描いていたところ、友達にほめられ、休み時間にはいつも周りに友達がいるようになりました。体育祭や合唱コンクールのプログラムの表紙を依頼されるようになり、自信につながったようです。

 POINT

無理に集団に入ることよりも、周りが生徒のよさに気付き、級友の方から近付いてくる機会を大切にしたい。

生徒の様子
急な日程変更に対応できない生徒

[所見文例]

✏ 予告した日課の変更や席替えなどに対しては、安心して学校生活を送っていました。天候の変化など予期しないことによる日課変更などにも、対応できるようになってきています。

✏ 急な日程変更でも、その理由や変更後の予定を説明することで、見通しをもって行動できるようになりました。日課変更が生じても落ち着いて行動できるようになりました。

 POINT

日程の変更は生じることがあることを教え、いまの活動に一生懸命取り組むことの大切さを伝えることで対応できるようになってきたことを評価する。

特別な配慮を必要とする生徒

対人面の困難がある

 生徒の様子 相手の立場に立って考えることに困難を示す生徒

[所見文例]

- 友達に教科書を見せてもらったり，文房具を借りたりするときに「貸して」と言えるようになりました。断られても，相手のことを理解し，ほかの友達に声をかけることができるようになりました。
- 国語の授業で，「主人公の気持ちは？」の問いかけに対しての答えを出すのに時間がかかりました。主人公の気持ちを前に，自分だったらどうするのかを考えてみることから，主人公の気持ちを考えています。

 POINT

状況に合わせて，自分の気持ちを確認することから始める。その後，相手の立場を考える機会をつくる。

 生徒の様子 他者のささいなことで暴言・暴力をしてしまう生徒

[所見文例]

- 安心して学校生活が送れるように，学級内での言葉の使い方をみんなで話し合いました。落ち着いて生活する日々を積み重ね，自分の気持ちが不安になったら，近くにいる先生に伝えることを目標としました。
- 気持ちが安定しているときには，友達のささいな言葉を気に留めず，受け流すことができるようになりました。トラブルがない日が続いていることをほめていきたいと思います。

 POINT

暴言や暴力は相手を傷付けるだけではなく，自分も傷付くことを認識させる。トラブルを回避できたときには，称賛をする。

対人面の困難がある

生徒の様子
学級の中で友達関係ができない生徒

[所見文例]

- 新年度を迎え，自己紹介で自分の趣味を楽しそうに話していました。同じ趣味をもつ友達に話しかけられ，趣味の話で盛り上がっていました。友達の輪が少しずつ広がりを見せています。
- 友達に話しかけられて，自分の気持ちを話せたことで，以前より友達に囲まれる姿が増えています。授業の中での発言や係活動を最後まで取り組む姿から，友達が自然と集まるような人望があります。

 POINT

自分から意思表示をすることでコミュニケーションが成立し，友達関係を広げることができている姿を具体的に示し，評価する。

生徒の様子
言葉の多様な意味が理解できない生徒

[所見文例]

- 理科の実験で『(観察の変化の時間を) 見ていてね』と友達に言われ，何を見ていいのかがわからなかったときに，友達に聞くことができるようになりました。それによって，班の観察記録を取ることができました。
- 合唱コンクールで優勝しました。「明日は雪が降るかもしれない」と言う友達の言葉で天気を気にしていましたが，「天候が変わってしまうくらいみんな嬉しいこと」だと説明をしました。優勝をクラス全員で喜びました。

 POINT

省略されている言葉の意味がわからないときには，具体的に「いつ・どこで・誰が」を説明し，理解できた場面を示したい。

特別な配慮を必要とする生徒

対人面の困難がある

生徒の様子
人の名前や顔を覚えることが苦手な生徒

[所見文例]

- 人の名前や顔を覚えることに苦手意識があるようですが，今学期は席替えもなく，隣の席の友達の名前を覚えることができました。周囲の友達がいつも同じ席にいることで，安心して学習に取り組めたようです。
- 校外学習のための班づくりがありました。ほかのクラスメイトと一緒の班になったとき，自己紹介で人気者になりました。当日は，班員から名前を呼ばれて一緒に行動する姿がありました。

名前を覚える前に周りの級友が変わらないよう，席替えを短期間で行わないようにする。その上で，生徒自身が自分をアピールして級友に声をかけてもらう関係をつくる。

生徒の様子
人前で注目を浴びたり話をしたりするのが苦手な生徒

[所見文例]

- 全校集会で家庭科の作品が表彰されました。休み時間や放課後も取り組む姿があり，表彰されたことで大きな自信となりました。表彰時には堂々と賞状を手にし，大きな拍手を浴びました。
- 授業中に教科書を順番で音読するときや，発表するときに注目を浴びないように，みんな起立せず座ったまま行うようにしました。自信をもって音読するなど，少しずつ大きな声で発表ができるようになっています。

日々の活動を評価することで自信をもたせる。日常生活の中では，目線を級友と同じ高さにすることで，注目を浴びていると感じないようにする。

感情面の困難がある

［生徒の様子］
自分のこだわりに反すると衝動性が高まる生徒

［所見文例］

- 90点以上の点数を取ることを目標に取り組んでいます。点数が目標点に達しない分を，次回のテストで取り返すようにと，目標を更に高め，頑張る姿があります。テストの結果を次の目標にすぐに切り替えられるようになってきています。

- 社会の歴史上の偉人調べを，休み時間も使い取り組んでいました。授業への切り替えができるようになり，休み時間に再度取り組んでいます。取り組む時間を決めたことで安心したようです。

 POINT

こだわりを止めたり，中止させたりすることなく，事が最後まで首尾よく終わるように支援し，生徒が自身の長所を活用できている点を伝えたい。

［生徒の様子］
柔軟性に困難を示す生徒

［所見文例］

- 学級目標のベル着席を守ろうと，みんなに声をかけている姿がありました。先生に呼び出され，授業に遅れてきた友達に「例外」と言って，柔軟に対応することができました。

- 校外学習中に，バスが事故渋滞で1か所見学場所にたどり着くことができませんでした。楽しみにしていた見学場所でしたが，「家族と一緒に行く」と，自分の気持ちを落ち着かせることができました。

 POINT

自分の中でのルールや決めたことに変更が生じることを許せないが，それがすべてではないことを伝え，例外や代替えで対処する。

特別な配慮を必要とする生徒

感情面の困難がある

 生徒の様子
不安が強く学校行事の当日に登校を渋る生徒

[所見文例]

🖉 合唱コンクールに向けピアノ伴奏を担当しました。伴奏用の楽譜にクラス全員が寄せ書きをしていたメッセージを読んで，当日の不安な気持ちに負けることなく，最後まで演奏することができました。学年で準優勝となりました。

🖉 体育祭の学級対抗リレーでは，毎日自主練習をしている姿がありました。体育祭が近付くと不安そうな様子がうかがえましたが，走る順番をクラス全員で決め，勝利への作戦が安心感につながったようです。

 POINT

クラス全員で支え合って日々努力をしていることを確認させ，安心させることで，当日の登校を促す。

 生徒の様子
勝敗にこだわり，負けそうになると怒り出す生徒

[所見文例]

🖉 生徒会主催の新入生歓迎会でのジャンケン大会では，準々決勝で負けてしまいました。しかし，その後の離席はなく，決勝まで残った友達を応援する姿がありました。歓迎会という場を理解して参加することができました。

🖉 体育祭の応援団で大きな声を出しながら応援する姿がたくさんありました。応援賞は取れませんでしたが，ほかの応援団員と一緒に悔し涙を流している姿がありました。

 POINT

自分の気持ちのままに怒らずに，ほかの人たちも負けたら同じ気持ちになることに気付かせ，同じ行動がとれることを評価する。

第4章 生徒の状況別言葉かけ集

言葉かけの心得

1 ほめるのを原則とします
　人間は誰でも，ほめられるとうれしくなり，頑張るぞという気持ちになるものです。いろいろな面から見れば，すべての生徒に必ずよいところがあります。それを，まずほめますが，その際に，優れている生徒についても，どうしたら更によくなるかも一言つけるようにします。

2 しかるよりは，努力の仕方を示します
　欠点を指摘したり，嫌味を言ったりでは，やる気をなくします。優しくどう努力したらよいかを言い，期待していることを伝えます。

3 生徒によってかける言葉を変えます
　生徒はそれぞれ違っていますので，当然といえば，当然です。通信簿を渡すのが教室内なら一番前列の生徒は，言葉かけがすべて聞こえますので，その生徒と同じことを言うのはよくありません。このためには，あらかじめかける言葉を生徒ごとに用意して，メモしておくことです。

4 かける言葉の例をたくさん収集しておきます
　生徒ごとに言い分けるためには，学期の数からして，生徒の数の３倍以上が必要です。これだけの言葉を，通信簿を渡しながら考えても，うまくいくわけはありません。このためには，ふだんからたくさんの例を収集しておくしかありません。

5 かけた言葉は記録しておきます
　教師には口ぐせがあり，同じ生徒に同じ言葉をかけてしまいがちです。毎学期同じ言葉をかけられて，やる気をなくしてしまった生徒もいます。かけた言葉は記録して，同じ言葉をかけないようにします。

6 質問があれば聞きにくるようにさせます
　よくわからないところや，努力の仕方がわからないときは，いつでも聞きに来るように話しておきます。これは，個々にでもよいし，全体でもよいですが，語らいとふれあいのきっかけにもできるということです。

生徒の状況別言葉かけ集

◎:成果が上がっている　◇:成果が不十分・下がっている

● 学習

学習成果

◎ 興味をもって学習を進めているようだね。
◎ 学習の面白さがわかってきたようだね。
◎ 今学期のあなたの取組みには目を見張るものがあります。
◇ あなたの努力は先生が知っているよ。あと少しだよ。
◇ 休み中に不得意科目を克服しよう。あなたならできるよ。

学習意欲

◎ あなたの意欲が好成績につながったよ。この調子で頑張れ。
◎ 部活動があるのに，家庭での学習もよく頑張ったね。
◇ 学習に不安があるようなら，いつでも相談においでよ。
◇ 自分を信じてコツコツと頑張ろう。応援するよ。

● 行動

積極性

◎ どんなことにも意欲的に取り組む姿勢はすばらしいよ。
◎ あなたの前向きな姿は，クラスに勇気を与えてくれています。
◇ あなたの意見をみんなが待っているよ。
◇ 遠慮しないであなたの個性を発揮してほしいな。

元気

◎ あなたの明るさは，人を元気にさせます。
◎ あなたのおかげで明るいクラスになったよ。これからも頼むね。
◇ 考え込む姿を見ます。心配事があるなら相談においでよ。
◇ あなたの夢は何ですか。先生と話し合わないかい。

思いやり
- ◎ 信じ合えるクラスなのは，あなたの思いやりのおかげです。ありがとう。
- ◎ あなたの思いやりの気持ちが友を呼ぶのだと思います。
- ◎ あなたの行いは，人としての大切なことを教えてくれるね。

生活習慣
- ◎ どんなときもしっかりとした生活態度で臨んでいるね。
- ◎ 生活態度のよさが，学習への成果につながったね。
- ◇ 明るい性格ですが，次は忘れ物を減らせるように工夫しよう。
- ◇ 来学期は，遅刻をなくそう。あなたならできるよ。

孤立感をもっている生徒
- ◇ クラスににあなたのことを気にかけている仲間がいるよ。
- ◇ 大きな声で朝のあいさつをしてみよう。何かが変わるよ。

問題行動を起こしてしまった生徒
- ◇ あなたのよい面は先生が知っているよ。くさってはだめだよ。
- ◇ 来学期は名誉回復に頑張ろう。応援するよ。

病気などで欠席が多かった生徒
- ◇ 大変でしたね。体調は戻りましたか。
- ◇ あなたのことだから，きっと挽回できるよ。
- ◇ 休み中に一緒に復習をしよう。協力するから，連絡ください。

● 特別活動・進路指導

学校行事・ボランティア活動
- ◎ 献身的な努力を惜しまないすてきな人ですね。
- ◎ あなたに引っ張ってもらっての優勝でした。お見事です。
- ◎ あなたのおかげで学校に奉仕の気持ちが根付いてきたよ。

生徒の状況別言葉かけ集

◇懸命に練習に参加してくれたね。ありがとう。
◇みんなで一緒に汗をかく。それだけで十分だよ。

部活動

◎日頃の練習の成果が出たね。今度は優勝を期待しているよ。
◎「努力は必ず報われる」。みんながやる気を出したよ。
◇何か嫌なことがあるのかな。相談においでよ。

進路

◎進路を決めたことが,学習を力強いものにしたようだね。
◎あなたの進路希望は,あなたの興味と合致しているようだね。
◇進路に悩んでいるようだね。何でも相談においでよ。
◇進路は成績だけでは決まらないよ。あなたの気持ちが大切だよ。
◇目標は人を強くする。あきらめてはいけないよ。

やる気を引き出す言葉かけの基本形

観点	基本形	言葉かけの例
・認める ・ねぎらう	*よく頑張ったね *よく努力したね *ご苦労さま *惜しかったね	・今学期は国語をよく頑張ったね。 ・不得意科目をよく努力したね。 ・学級委員ご苦労さま。 ・数学はあと一歩でした。惜しかったね。 ・誰にでもスランプはあるよ。
・ほめる	*さすがだね *おめでとう	・さすが○さん,運動会では大活躍でした。 ・○先生がほめていたよ。 ・大躍進だね。努力した結果だよ。 ・書道コンクール入選おめでとう。
・励ます (目標を示す)	*頑張って *期待しているよ *次は〜を頑張ろう	・やったね。この調子で頑張って。 ・今学期はいまひとつかな。次頑張ろう。 ・来学期は先生と一緒に頑張ろうね。 ・来学期は英単語帳を頑張ろうね。 ・夏休みはたくさん読書してみたらどうかな。
・ヒントを与える	*〜したらどうかな?	・みんなもあなたと仲よくなりたいんだよ。今度,勇気を出して話しかけてみてごらん。
・考えさせる	*〜はどうだろう?	・あなたがあんなことされたらどんな気がする? ・約束は守るとどういうことがあるだろう?

INDEX 所見文例索引

学習

学習成果

【学習成果が十分上がっている】 ページ

項目	ページ
学習態度がよく，学習成果が著しく向上している生徒	34
自分に合った学習方法で学習成果が向上している生徒	34
努力の結果，良好な学習成果が出ている生徒	35
積極的な学習態度が他者の模範となっている生徒	35
基本は十分身に付いており，更なる向上が見込める生徒	36
知的理解は優れているが体験的活動に消極的な生徒	36
定期テスト直前に短時間の学習で済ませている生徒	37
学習成果の向上がみられるが自己評価の低い生徒	37

【おおむね学習成果が上がっている】 ページ

項目	ページ
教師の助言を実行して学習成果が向上しつつある生徒	38
努力の結果，学習成果が着実に向上している生徒	38
学習方法を変えたことで学習成果が向上しつつある生徒	39
体験的活動によく取り組むが知識面に課題がある生徒	39
現状に満足して努力しない生徒	40
基本は身に付いているが応用力に課題がある生徒	40
基礎的な学習内容でケアレスミスをする生徒	41
学習計画は細かく立てるが実行力に課題がある生徒	41

【学習成果が不十分】 ページ

項目	ページ
得意科目と不得意科目の差が著しい生徒	42
努力が学習成果につながらず意欲が低下している生徒	42
学習する前からあきらめてしまうようになった生徒	43
基礎的・基本的内容について理解が不十分な生徒	43
授業中に集中力に欠けるために理解が不十分な生徒	44
学習理解が遅れがちな生徒	44
学習について漠然とした不安のある生徒	45
学校を欠席がちなため学習に遅れが出ている生徒	45

所見文例索引

【学習成果に偏りやむらがある】

	ページ
特定の教科だけが優れており，他教科に不安のある生徒	46
不得意科目も努力して克服しつつある生徒	46
高校受験に関係する科目だけを重視する生徒	47
学習態度にむらがあるため学習成果も不安定な生徒	47

【学習成果が上がった／下がった】

	ページ
多くの教科で，学習成果の急激な向上がみられた生徒	48
特定の教科で，学習成果の急激な向上がみられた生徒	48
多くの教科で，学習成果の急激な下降がみられた生徒	49
特定の教科で，学習成果の急激な下降がみられた生徒	49

学習への取り組み方

【意欲・積極性】

	ページ
探究心が旺盛でどの学習にも積極的に取り組む生徒	50
授業態度が前向きに変化してきた生徒	50
不得意な教科にも意欲の出てきた生徒	51
授業中，活発に発言・発表ができる生徒	51
好奇心や探究心に欠ける生徒	52
学習意欲が乏しく授業に意欲的に参加していない生徒	52
やればできるのに努力していない生徒	53
積極的だが理解ができていないままに発言をする生徒	53

【集中力・根気強さ】

	ページ
いつも集中して学習に取り組む生徒	54
困難な課題にも粘り強く取り組む生徒	54
よそ見や私語が多く学習に集中できない生徒	55
学習内容がむずかしいと，すぐ投げ出してしまう生徒	55
授業で集中力が長続きしない生徒	56
苦手な学習内容をじっくり考えることができない生徒	56

【自主性・主体性・計画性】

	ページ
家庭学習や計画的な学習をきちんと進められる生徒	57
部活動と勉強を両立させることができる生徒	57

見通しをもって計画的に学習に取り組める生徒	58
主体的に自分の考えをもち学習する生徒	58
計画的な学習が級友によい影響を与えている生徒	59
課題には取り組むが自分の判断や決定ができない生徒	59
計画の立て方や学習の仕方がわからず伸び悩む生徒	60
予習や復習をほとんどしない生徒	60
成績は気にするが自分から学習しようとしない生徒	61
宿題などの忘れ物の多い生徒	61

【創意工夫】

	ページ
自分の考えをもち,授業中も工夫して学習する生徒	62
家庭学習の方法を工夫し,成果がみられる生徒	62
着眼点がよく,課題解決的な学習が得意な生徒	63
学習態度はよいが学習方法に工夫のない生徒	63
家庭学習に真面目に取り組むが成果がみられない生徒	64
同じ課題に対し同じ間違いを繰り返す生徒	64

【協調性】

	ページ
学習のルールを守り,教師の指示を素直に聞く生徒	65
ペア学習やグループ学習に協力的な生徒	65
授業場面で集団の向上に寄与しようとする生徒	66
話合い活動で調整役を買って出る生徒	66
グループ学習に溶け込めない生徒	67
授業中も自分勝手な行動が見られる生徒	67

【考え方や情緒面での課題】

	ページ
自分の考えに固執しほかの意見を受け入れない生徒	68
自信がもてず意見を発表できない生徒	68
授業中の態度にむらがある生徒	69
学習や成績に関して見通しが甘い生徒	69
他者の失敗を笑ったりからかったりする生徒	70
周囲の指摘に対し,すぐにカッとなってしまう生徒	70
学習や進路についてあきらめてしまっている生徒	71
わからないことについて,すぐに頭を抱えてしまう生徒	71

所見文例索引

観点別にみた学力の特徴

【知識・技能】

	ページ
基本的な知識・技能が身に付いている生徒	72
学習習慣が確立せず，基礎的な知識が不足している生徒	72
自分の関心のある分野に偏った知識を有する生徒	73
暗記的理解に優れるが概念的理解に課題がある生徒	73
ペーパーテスト対策に学習の重きを置く生徒	74
技能面に優れるが知識面に課題がある生徒	74

【思考・判断・表現】

	ページ
学習課題を自ら見出すことをしない生徒	75
ものごとを深く考えずすぐに結論を出そうとする生徒	75
自分の考えを形成し，適切に表現できる生徒	76
グループでの話合いや発表などの学習活動が苦手な生徒	76
考えを表現することが苦手な生徒	77
作品の制作や表現などに課題がみられる生徒	77

【主体的に学習に取り組む態度】

	ページ
個人での学習を好みグループ活動に意欲的でない生徒	78
客観的に自身の活動を振り返ろうとしない生徒	78
教科や単元によって学習意欲に差がある生徒	79
すぐにあきらめたり意欲を失ってしまったりする生徒	79
学習に対して前向きに取り組めない生徒	80
前向きに取り組んでいるが結果が出ない生徒	80

学習習慣・家庭環境・その他

【学習スタイル】

	ページ
グループ活動より個人活動を好む生徒	81
暗記学習を好む生徒	81
学習活動に積極的だが周囲に同調しがちな生徒	82
学習活動に前向きだが基礎的な学習を好まない生徒	82
作業スピードは速いがミスや粗雑さが目立つ生徒	83
テスト前などに一夜漬けで学習する生徒	83

【学習習慣】

	ページ
学習習慣が付いている生徒	84
学習習慣が付いていない生徒	84
宿題がきちんとできる生徒	85
宿題がきちんとできていない生徒	85
自主学習を目的をもってできる生徒	86
課題を見付けて学習に取り組むことができない生徒	86
授業中活発に発表をし，成績も良好な生徒	87
授業中わかっていても発表をしない生徒	87

【家庭環境】

	ページ
保護者が学習に口出しせず見守られている生徒	88
保護者に学習を干渉されすぎている生徒	88
学習に集中できない環境で学習に真剣に取り組む生徒	89
保護者の目が行き届きづらい生徒	89
保護者の期待が大きい生徒	90
成績はよいが身勝手に振る舞う生徒	90

【その他】

	ページ
塾に通い学力が非常に高い生徒	91
塾に頼りすぎている生徒	91
字が丁寧で成績のよい生徒，乱雑で成績の悪い生徒	92
グループ活動で活発な生徒	92
能力は低いが休まず登校し授業に真剣に取り組む生徒	93
学習についていけず不登校傾向がある生徒	93

教科学習

	ページ
国語	96
社会	98
数学	100
理科	102
外国語	104
音楽	106
美術	107

所見文例索引

保健体育	108
技術	109
家庭	110

総合的な学習の時間

	ページ
現代的な諸課題に対応する横断的・総合的な課題	112
地域や学校の特色に応じた課題	116
生徒の興味・関心に基づく課題	118
職業や自己の将来に関する課題	120

特別の教科　道徳	125

行動・特別活動

基本的な生活習慣

	ページ
言葉遣いや態度に節度があり，好感のもてる生徒	128
計画性をもって有意義な生活を送る生徒	128
授業態度や学習習慣が身に付いている生徒	129
規則正しい生活ができていない生徒	129
忘れ物が多く，提出物が遅れる生徒	130
落ち着きがなく，集中力に欠ける生徒	130

健康・体力の向上

	ページ
体育や部活動に積極的に取り組んでいる生徒	131
健康に関心が高く，調和のとれた生活ができている生徒	131
生活習慣に乱れがみられる生徒	132
運動が嫌いで体力面に課題のある生徒	132
飲酒・喫煙などの疑いのある生徒	133
健康上の理由で欠席しがちな生徒	133

自主・自律

	ページ

より高い目標を目指し，根気強く努力する生徒	134
自らさまざまな活動に前向きに取り組む生徒	134
他者に左右されず自分の考えや意見をもっている生徒	135
主体性が乏しく，指示がないと行動できない生徒	135
自分の将来や生き方を考えようとしない生徒	136
その場の雰囲気や他者の意見に流されやすい生徒	136

責任感

	ページ
積極的に仕事を引き受け，しっかりとやり遂げる生徒	137
引き受けた仕事を着実に成し遂げる生徒	137
能力はあるのに役割や立場を避けたがる生徒	138
自分から引き受けた仕事が中途半端な生徒	138
指示されなくても自発的に仕事に取り組める生徒	139
見ている人がいないと仕事の手を抜く生徒	139
指示されないと仕事に取り組めない生徒	140
提出物や宿題の期限が守れない生徒	140
他者のミスをカバーし責任を負おうとする生徒	141
級友を大切に思い，やるべきことを実行できる生徒	141

創意工夫

	ページ
発想が柔軟で，多面的な思考ができる生徒	142
自ら問いを立て，探究しようとする生徒	142
新しい考えや方法を取り入れようとする生徒	143
学んだことをほかの場面に生かそうとする生徒	143
困難に立ち向かい，解決のための工夫をはかる生徒	144
アイデアが豊かでみんなをリードする生徒	144
発表に自分らしさを表現している生徒	145
センスや特技を学校生活に生かしている生徒	145
好奇心に欠け，取組み姿勢が消極的な生徒	146
自分で課題を見付けることが苦手な生徒	146
既成の概念や価値にとらわれ，批判精神に欠ける生徒	147
学んだことをほかの場面に生かすことが苦手な生徒	147
発想を転換したり多面的に考察することが苦手な生徒	148

所見文例索引

自分のよさに気付いていない生徒	148

思いやり・協力

	ページ
孤立しがちな級友に声をかけている生徒	149
自分の係活動以外のこともする生徒	149
誰にでも声をかけることができる生徒	150
声をかけ合いよい学校行事をつくり上げようとする生徒	150
どんな活動でも級友に声をかけ手伝おうとする生徒	151
悩んでいる級友にさりげなく声をかけている生徒	151
集団をまとめようと声をかけている生徒	152
級友を励ましている生徒	152
友達とのトラブルが多い生徒	153
相手の気持ちを考えずに言葉を発してしまう生徒	153
自分の仕事を他人に任せてしまう生徒	154
学校行事などで協力的でない生徒	154
班活動をしない生徒	155
自分と違う考えの人の意見を聞こうとしない生徒	155

生命尊重・自然愛護

	ページ
命の大切さに気付いた生徒	156
新聞などから命の尊さを感じている生徒	156
毎日教室の花の水換えを行っている生徒	157
自然環境の問題に関心が高い生徒	157

勤労・奉仕

	ページ
進んで掃除を行う生徒	158
誰もいない教室の環境を整える生徒	158
ボランティア活動に積極的に参加する生徒	159
落ちているごみを進んで拾う生徒	159
学校生活の中で気付いたことを自ら行動に移せる生徒	160
任された仕事を進んで意欲的に行う生徒	160

公正・公平

	ページ
集団の中で正義感の強い生徒	161
偏見や先入観にとらわれず，誰とでも平等に接する生徒	161
他者の意見をよく聞き，物事を多角的に考える生徒	162
公正・公平な態度を身に付けてきた生徒	162
正義感が強いあまり人を傷付けやすい生徒	163
友達の不正を見過ごしてしまう生徒	163

公共心・公徳心

	ページ
委員や係として級友のために働く生徒	164
学校行事で積極的に貢献した生徒	164
きまりをよく守る生徒	165
きまりを守れない生徒	165
整理整頓が苦手で片付けを十分にできない生徒	166
係活動などの仕事をやろうとしない生徒	166

その他

	ページ
活力に満ち，なにごとにも意欲的で前向きな生徒	167
目標に向かって努力している生徒	167
自己肯定感が低く自信のない生徒	168
不登校傾向にある生徒	168
言動が乱暴な生徒	169
一人でいることが多い生徒	169
情緒障害があり失敗を繰り返してしまう生徒	170
いじめを受けた生徒	170

特別活動

	ページ
学級活動	171
生徒会活動	174
学校行事	176

所見文例索引

特別な配慮を必要とする生徒

学習面の困難がある

	ページ
対話や議論をすることに困難を示す生徒	180
聞くことに困難を示す生徒	180
音読はできるが文章の意味の理解に困難を示す生徒	181
書くことに困難を示す生徒	181
数学（図形）に困難を示す生徒	182
数学（計算・文章題）に困難を示す生徒	182
理科（観察・実験）に困難を示す生徒	183
体育や運動に困難を示す生徒	183

行動面の困難がある

	ページ
一つの活動や課題が最後まで終わらない生徒	184
自分の持ち物の管理ができない生徒	184
集団になじめず一人でいることが多い生徒	185
急な日程変更に対応できない生徒	185

対人面の困難がある

	ページ
相手の立場に立って考えることに困難を示す生徒	186
他者のささいなことで暴言・暴力をしてしまう生徒	186
学級の中で友達関係ができない生徒	187
言葉の多様な意味が理解できない生徒	187
人の名前や顔を覚えることが苦手な生徒	188
人前で注目を浴びたり話をしたりするのが苦手な生徒	188

感情面の困難がある

	ページ
自分のこだわりに反すると衝動性が高まる生徒	189
柔軟性に困難を示す生徒	189
不安が強く学校行事の当日に登校を渋る生徒	190
勝敗にこだわり，負けそうになると怒り出す生徒	190

■執筆者一覧（執筆順，所属は2019年3月現在）

石田　恒好	文教大学学園長	p.9, 13, 16, 19, 33, 111, 127, 191
油木　　登	元・大村市立西大村中学校校長	p.10-12, 17, 18, 26-29
石田　玲子	元・箱根町立箱根の森小学校校長	p.14-15
勝亦　章行	練馬区立関中学校校長	p.20-23
御園生文雄	市原市立ちはら台桜小学校校長	p.34-49
齋藤　和夫	市原市立八幡中学校校長	p.50-61
矢野　勝昭	栃木県教育委員会事務局特別支援教育室副主幹	p.62-71
平山　　昂	さいたま市教育委員会学校教育部教育研究所指導主事	p.72-83
金子　悦郎	周南市立熊毛中学校教頭	p.84-93
北森　　功	市原市立三和中学校校長	p.96, 97
小出　博一	市原市立若葉中学校校長	p.98, 99
山越　康義	市原市立千種中学校校長	p.100, 101
齋藤　肇一	市原市立南総中学校校長	p.102, 103
吉村　政幸	元・市原市立市東中学校校長	p.104, 105
井上　大一	市原市立国分寺台西中学校教頭	p.106
吉永　和義	市原市立菊間中学校校長	p.107
米沢　久志	市原市立東海中学校校長	p.108
宮原　　尚	市原市立国分寺台中学校教頭	p.109, 110
渡辺　和也	市原市立菊間小学校校長	p.112-121
柴田　　徹	福智町教育委員会学校教育課指導主事	p.128-136
新井　国彦	高崎市立佐野中学校教諭	p.137-141, 171-177
小柴　孝子	神田外語大学特任教授	p.142-148
中野　敏治	神奈川県公立中学校校長	p.149-160
牧田万里子	市原市立ちはら台西中学校校長	p.161-170
嶋﨑　政男	神田外語大学客員教授	p.179
積田　兆生	市原市立青葉台小学校教頭	p.180-190

■編著者

石田　恒好　文教大学学園長
嶋﨑　政男　神田外語大学客員教授

■編集協力者

小柴　孝子　神田外語大学特任教授
中野　敏治　神奈川県公立中学校校長

資質・能力を育てる
通信簿の文例＆言葉かけ集
中学校

2019年7月10日　初版第1刷発行　［検印省略］

編　著　者	ⓒ石田恒好・嶋﨑政男
発　行　人	福富　泉
発　行　所	株式会社　図書文化社
	〒112-0012　東京都文京区大塚1-4-15
	Tel：03-3943-2511　Fax：03-3943-2519
	http://www.toshobunka.co.jp/
本文・カバーデザイン	中濱健治
カバーイラスト	ヤマネアヤ
組　　　版	株式会社 Sun Fuerza
印　　　刷	株式会社 加藤文明社印刷所
製　　　本	株式会社 駒崎製本所

ⓒ ISHIDA Tsuneyoshi, SHIMAZAKI Masao 2019 Printed in Japan
JCOPY〈出版者著作権管理機構　委託出版物〉
本書の無断複製は著作権法上での例外を除き禁じられています。
複製される場合は，そのつど事前に，出版者著作権管理機構
（電話 03-5244-5088，FAX 03-5244-5089，e-mail：info@jcopy.or.jp）
の許諾を得てください。
ISBN 978-4-8100-9731-3　C3337
乱丁・落丁本の場合はお取り替えいたします。
定価はカバーに表示してあります。

うまい先生に学ぶ教師のワザ

ひらめき体験教室へようこそ
－考えることが楽しくなる発想力と思考力のゲーム－
鹿嶋真弓 編著　B5判　本体2,000円

学力や常識にとらわれない知的交流ができるナゾ解きゲーム。
勉強が苦手な子にも，自分の頭で考える喜びを伝えることができる。
学びのオリエンテーション，小規模校の異学年交流，生徒会活動の定番に。

うまい先生に学ぶ　実践を変える2つのヒント
－学級経営に生かす「シミュレーションシート」と「蓄積データ」－
鹿嶋真弓 編著　A5判　本体1,400円

常に進化する教師であるために。
シミュレーションシートを使って学級状態をアセスメントし，蓄積データをとってセルフモニタリングすることによって，日々の実践が変わる！

うまい先生に学ぶ　学級づくり・授業づくり・人づくり
鹿嶋真弓 編著　B5判　本体2,200円

子どもがイキイキして，活動が積み上がっていくクラスは，何が違うのか？
すぐに真似したい実践をもとに，成果を上げる「考え方のコツ」を編者が解き明かす。

中学校　学級経営ハンドブック
鹿嶋真弓・吉本恭子 編著　B5判　本体2,200円

「環境・約束」「信頼・仲間」「キャリア」の3つの柱に沿って，クラスの生徒が必ずのってくる失敗しにくい実践やエクササイズを厳選！
忙しくても，各学年・各時期のねらいとやるべきこと，活動のレパートリーが，一目で確認できる。

学校力の向上に

参画型マネジメントで生徒指導が変わる
－「スクールワイドPBS」導入ガイド　16のステップ－
石黒康夫・三田地真実 著　B5判　本体2,200円

構成的グループエンカウンター事典
國分康孝・國分久子 総編集　A5判　本体6,000円

教師のコミュニケーション事典
國分康孝・國分久子 監修　A5判　本体5,400円

中学校向け

中学生のための語彙力アップシート
－思考とコミュニケーションの世界が広がる1500ワード－
藤川章 編著　川原龍介 著　B5判　本体2,000円

**いま子どもたちに育てたい
学級ソーシャルスキル　中学校**
河村茂雄・品田笑子・小野寺正己 編著
B5判　本体2,600円

エンカウンターで学級が変わる[中学校編]
國分康孝 監修　　　　　　　　　　各B5判
Part 1 本体2,233円　　Part 2, Part 3 本体2,500円

図書文化

※本体には別途消費税がかかります